QUESTIONS SUR LA NOBLESSE

ET APERÇUS HISTORIQUES

SUR

LA NOBLESSE DE LA VENDÉE

PAR

H. GRIMOUARD DE SAINT-LAURENT.

(Extrait de la Revue de Bretagne et de Vendée.)

NANTES,

IMPRIMERIE DE VINCENT FOREST, PLACE DU COMMERCE, 1.

—

1860.

QUESTIONS

SUR

LA NOBLESSE.

I. Y a-t-il encore une noblesse ? — II. Quelles étaient les obligations de la noblesse ? — III. La noblesse a-t-elle rempli ses obligations ? — IV. Quel est le vrai honneur ? — V. Tous les membres de la noblesse sont-il solidaires ? (¹)

Noblesse oblige.

Nous nous proposons de jeter un coup d'œil sur la noblesse et ses obligations, puis d'examiner si elle a été fidèle à les remplir dans les contrées surtout illustrées sous le nom de Vendée, aux époques les plus critiques de notre histoire provinciale.

Nous avons vu s'élever autour de nous et sur le terrain même où cette Revue a pris naissance, plus d'une pensée de dénigrement et d'attaque contre la noblesse en général, contre celle de nos provinces

---

(1) Nous venions d'achever ce travail quand parut l'excellente étude de M. Pol de Courcy sur la *Noblesse et les usurpations nobiliaires*, que les lecteurs de la Revue n'ont point oubliée. Nous le regrettâmes d'autant plus, que nous eussions été plus heureux de nous appuyer souvent de l'autorité d'un des écrivains les plus compétents en telle matière.

en particulier ; nos gloires les plus pures n'ont pas été épargnées ; Duguesclin ne l'a pas été ; Lescure, Bonchamps, Larochejaquelein, ces hommes dont il semblerait que dussent s'honorer même des adversaires, parce qn'ils se savent de la même nation, n'ont pas été à l'abri d'insinuations malveillantes.

La noblesse en corps a été attaquée dans ce qui fait la première de ses obligations, si nous pouvons parler ainsi, la première nécessité de son honneur. Le noble avant tout est soldat, et l'on pardonne tout au soldat plutôt que de le voir manquer de courage ; s'il a failli, on le fusille, et jusque dans son châtiment il doit montrer qu'il a du cœur.

Cette noblesse française qui, par la fougue trop indisciplinée de son courage, perdit les grandes batailles de Crécy, de Poitiers, d'Azincourt, on l'accuse d'en avoir manqué.

Certaines attaques individuelles contre des familles honorables ou quelques-uns de leurs membres, seraient évidemment sans objet, si elles ne tendaient à faire croire que les mêmes accusations peuvent en atteindre beaucoup d'autres.

A ceux mêmes qui subiraient ainsi les charges d'une onéreuse solidarité, on leur en refuse les bénéfices, en leur contestant le droit de représenter l'ancienne chevalerie : cette race, dont on ne peut si bien ternir la mémoire qu'il ne soit un grand honneur de lui appartenir, on la dit depuis longtemps éteinte, et ses rares descendants difficiles à reconnaître au milieu des prétentions de ceux qui lui ont succédé.

Quelques interprétations jetées comme par circonstance, quelques faits mis en avant ne peuvent suffire à nous faire croire qu'il y ait dans ce sens aucun plan prémédité d'attaque. Nous n'avons point à nous armer comme pour commencer une lutte. Si nous entrevoyons des dispositions contre lesquelles il importe de se mettre en garde, elles nous font sentir surtout le besoin de nous éclairer.

Nous conservons, sans doute, assez d'estime pour ceux qui nous ont fait naître la pensée de cette étude, pour désirer répandre dans leur esprit quelque jour nouveau ; si différent du nôtre que soit le milieu où vivent leurs pensées, nous les savons loin d'être inaccessibles à la vérité. Nous ne nous proposons point cependant de nous adresser à eux, encore moins de les prendre à partie ; si nous le voulions faire, ces aperçus ne seraient pas suffisants. Ce que nous avons à dire, c'est en famille que nous le disons, c'est à nos amis que nous nous adressons.

Dans nos temps de décomposition et de doute, on se prend à douter de soi-même ; c'est à résoudre quelques-uns des doutes qui ont été soulevés, ou qui naturellement peuvent l'être, sur la noblesse, sur ce qu'elle fut, sur ce qu'elle est, sur ce qu'elle doit être, que ces réflexions sont destinées.

Pour en faciliter l'application à la noblesse de nos contrées, nous nous proposons de les faire suivre de quelques aperçus qui sommairement en comprendront toute l'histoire.

I.

Le premier doute qui se présente, c'est de savoir s'il y a encore une noblesse, et si nous pouvons en parler comme d'un intérêt présent.

Comme institution, l'ancienne noblesse n'est plus : si légal que puisse être le droit de porter des titres, que sont-ils sans prérogatives ? que seraient même des prérogatives honorifiques sans fonctions ? des prérogatives qui ne lieraient pas par des devoirs plus stricts, qui n'obligeraient pas à rendre de plus grands services à son pays, en même temps qu'ils en donneraient les moyens ?

La noblesse n'est plus, elle ne devrait donc pas faire ombrage ; redouterait-on sa résurrection ? c'est redouter un fantôme, comme institution, elle ne peut revivre. Liée comme partie intégrante au système féodal, ou à l'état social qui en était le reste, elle ne peut pas plus revivre que ce système lui-même. Les malades peuvent recouvrer la santé, si leur maladie n'est pas mortelle, les morts ne ressuscitent pas : Dieu même, lorsque par un miracle il lui plaît de rendre la vie à un mort, la lui rend dans les conditions nouvelles du monde qui a marché pendant qu'il était dans la tombe.

Nous ne disons pas que la famille ne puisse être comptée pour un peu plus qu'elle ne l'est au milieu de l'individualisme et de la dislocation de notre état social, Dieu nous en garde! nous croirions plutôt à l'impossibilité de rien fonder de définitif et de durable, tant que la société ne cherchera pas dans la famille la double assiette de la propriété et de l'esprit traditionnel, comme première garantie de l'aptitude aux fonctions publiques; tant qu'elle craindra de lui accorder des distinctions qu'elle ne peut pas refuser aux individus.

Nous croyons également que tout système de juste préférence, de confiance au moins, accordée à la famille, à raison de sa stabilité territoriale, ou de sa consécration prolongée au service de l'État, qui ne comprendrait pas dans son cadre tous les débris de l'ancienne noblesse, serait, par la force des choses, faute de prendre de suffisantes racines dans le passé, frappé de stérilité et d'impuissance pour l'avenir.

Mais rien de semblable ne pourrait non plus se faire sans la consécration de toutes les positions acquises dans le triple ordre d'idées des services rendus, de la propriété territoriale et de l'exercice des fonctions publiques.

Peut-être la réalisation de semblables idées aurait-elle pour effet de réunir, pour la défense de la société, par une puissante communauté d'intérêts, beaucoup de ceux qui, à ne consulter que leurs souvenirs, trouvent entre eux encore trop de sujets de division; peut-être en dehors d'une enceinte qui ne serait fermée à personne, suffirait-il aux familles honnêtes d'avoir la possibilité d'y entrer, en remplissant des conditions d'aptitudes également exigées pour toutes; avec plus de force pour la résistance, peut-être n'aurait-on pas à craindre de plus vives animosités de la part de ceux qui attaquent, qu'ils n'en manifestent chaque jour de plus en plus contre la bourgeoisie, uniquement parce qu'elle possède, sans s'inquiéter de savoir depuis combien de temps et avec quel degré de fixité.

Ces idées, cependant, semblent si loin de notre temps, que nous ne savons si ce n'est pas de notre part plus que du courage que de les émettre seulement comme un éventualité?

Regardez-les comme inacceptables, comme impossibles; notre pensée dans ce moment n'est point d'en soutenir ni l'opportunité ni la justice;

qu'il nous suffise de les avoir posées comme la limite extrême au delà de laquelle le bon sens interdit même de rien rêver en fait de prérogatives dans le présent et dans l'avenir.

Qu'il nous suffise de dire, d'une manière plus générale, que dans ce genre le noble d'autrefois, ceux qui le fussent devenus aisément, ne peuvent rien obtenir désormais qu'ils ne le partagent avec un plus grand nombre de ceux qui ne l'auraient pas été.

Mais autant il serait chimérique de vouloir faire que ce qui n'est plus soit encore, autant ne serait-il pas absurde de vouloir que ce qui a été n'ait pas été?

Avoir été, c'est dans un sens un mode d'existence et de tous les modes d'existence le plus inamissible.

Tout homme, toute famille, toute nation, toute institution a son passé, héritage que nul ne peut vous ravir, s'il vous honore, dont le repentir et l'expiation seuls vous peuvent décharger, s'il vous accuse.

L'ancienne noblesse n'est plus, mais elle a laissé un patrimoine de souvenirs dont aucune loi, aucune ordonnance, aucune mesure de législation ou de police ne saurait vous dépouiller.

Être noble dans ce sens, c'est l'avoir été, qualité aussi incommunicable qu'elle est inamissible; le chef de l'État peut vous autoriser à porter des titres, il peut vous combler d'honneurs, il ne fera pas que vous ayez été ou que vous n'ayez pas été de l'ordre de la noblesse. On peut le dire avec bien plus de raison encore qu'on ne disait autrefois : le roi fait des nobles, il ne peut faire un gentilhomme.

Les pans démantelés de la forteresse féodale, l'ogive séculaire qui se dressent au milieu des débris sont des monuments historiques précieux à conserver; ils ne sont plus rien par leur usage, mais ils sont beaucoup par l'idée qu'ils représentent; ils vous disent quelles furent les espérances et les craintes des temps qui ne sont plus, où se logeait la puissance, où la société trouvait une défense, où s'élevait la prière; les restes de l'ancienne noblesse sont aussi des monuments historiques, des monuments vivants de notre histoire.

On convient encore assez facilement, dans un monde où nos idées pénètrent avec peine, que les familles historiques méritent d'être honorées, mais on restreint ce nom aux familles qui ont joué un grand rôle dans l'histoire générale de notre pays et dont le nom est connu par une illustration de premier ordre; aux autres on ne veut leur reconnaître de titre à aucune considération spéciale. Est-ce que chaque province, chaque ville, chaque village n'a pas son histoire? Si l'on honore le petit-fils du connétable, est-il déraisonnable de faire au fils un titre d'honneur de la croix de saint Louis de son père?

Ce terrain n'est point toutefois encore celui où nous voulons principalement nous placer. Ce qui nous importe, c'est que le gentilhomme trouve aussi bien que le grand seigneur dans le sentiment de l'honneur de sa race un motif de bien faire.

Nous en dirons autant de quiconque met un juste orgueil à rappeler les exemples honorables qui, de père en fils, ont jeté quelque éclat sur le foyer, si modeste qu'il soit, où il rassemble ses enfants.

De tous temps on a vu des derniers rangs de la société des hommes parvenir aux premiers, portés par leur mérite ou un heureux concours de circonstances; c'est avec une impropriété de terme, qu'il nous afflige de voir employée, que nous entendons se servir du mot de caste pour exprimer dans l'ancienne société la distinction des rangs et la hiérarchie des conditions. Personne ny était parqué dans la classe où il était né par des barrières infranchissables, mais il y avait un esprit de stabilité dont nous sommes bien éloignés : le plus grand nombre restait dans l'état où il avait vu vivre ses parents, il s'y était attaché en naissant, il en avait appris traditionnellement les conditions, les devoirs, les ressources, il s'en faisait honneur.

Aujourd'hui chacun aspire du premier bond à monter au plus haut ; mais combien avez-vous excité plus de convoitises et d'ambitions que vous n'en pouvez satisfaire ! l'excès de la concurrence met la grande majorité des hommes dans la nécessité de ronger leur frein bien au-dessous du poste qu'au début ils auraient dédaigné.

Le noble lui-même autrefois était entouré d'une considération particulière, il pouvait par un accès facile atteindre certains postes et s'y rendre utile ; il n'était pas comme un officier réduit à l'inaction faute de trouver disponible un emploi de son grade; mais pour lui comme pour les autres l'avancement brillant et rapide au delà d'une limite peu éloignée du point de départ était toujours rare et exceptionnel.

Le descendant d'une famille noble, jeune homme d'esprit et d'un esprit cultivé, oubliant combien le rôle réel de la noblesse eût en tout temps mal répondu aux aspirations fantastiques qui pressent notre génération, écrivait un jour à un ami : « La noblesse n'est plus rien. » — « Tant qu'il y aura quelqu'un », lui répondait son ami, « qui en présence d'un bien se dira : je le ferai, parce que je suis gentilhomme et tiendra sa parole, la noblesse sera quelque chose. »

Noblesse oblige ! c'est par ces obligations, par la fidélité à les remplir que la noblesse fut vraiment quelque chose, qu'elle peut encore avoir quelque valeur, autrement elle n'aurait jamais été, elle ne serait bien évidemment aujourd'hui que vent et fumée, héritage stérile s'il n'est pas cultivé (¹), manteau, selon l'expression du Dante, qui s'use et se raccourcit bien vite si chaque jour on ne l'allonge (²).

Qu'elle dût son origine à l'a conquête, qu'elle fût une juste récompense, qu'elle soit venue par une circonstance fortuite, qu'elle ait même été acquise à prix d'argent par un père heureux dans ses affaires, comme institution, la noblesse avait de la valeur ou n'en avait pas, selon qu'elle était utile à la société ou qu'elle cessait de l'être ; selon qu'elle l'était davantage en qu'elle le devenait moins, sa valeur allait en croissant ou en décroisssant dans la même proportion.

Quand, par la marche des choses, la mesure de ses services se fut trouvée diminuée, et qu'elle parut inférieure à la somme de ses privilèges, une réforme était devenue nécessaire ; c'était un équilibre à rétablir, il pouvait l'être ou en retranchant aux privilèges ou en ajoutant aux obligations ; au lieu d'une réforme, il vint une révolution ; elle a tout emporté, il ne reste que des souvenirs, mais ces souvenirs sont encore à compter, si d'une part ils peuvent honorer, si de l'autre ils sont un motif de bien faire.

Or, nous pouvons l'affirmer, ils honorent, car ils ont des envieux ; nous l'affirmons avec non moins d'assurance, ils sont un motif de bien faire, non pas un motif infaillible, il n'y en a pas sur la terre, mais ils maintiennent dans l'air où nous vivons un certain degré d'élévation,

---

(1) Boulainvilliers, *Essai sur la Noblesse de France*, in-12, Amsterdam, 1732, p. 8.
(2) Paradis, chant XVI.

ils font compter l'honneur, le dévouement, la fidélité, comme des biens supérieurs à tous ceux qu'un jeu de bourse peut donner ou faire perdre.

II.

Les obligations de la noblesse, dans les siècles très-divers que l'on comprend avec une intention défavorable sous le nom d'ancien régime, étaient de nature fort variées. Sous le système féodale proprement dit où la société entière était liée par le respect à la foi jurée, pour le noble spécialement, la félonie était le dernier des crimes ; tenu à la fidélité vis-à-vis de son suzerain, il n'était pas moins obligé de protéger son vassal.

Il est des hommes, ils ne sont pas rares, qui se représentent la féodalité comme un vaste système d'oppression, où la force et la violence seules font la loi et le droit, et l'horreur qu'ils en conçoivent ne serait que trop fondée si le tableau qu'ils se font avait la moitié de vérité. Pourquoi confondre la chose avec ses abus ? Ne pas distinguer la violence d'avec la féodalité, c'est bien plus s'égarer encore, car ainsi l'on confond le mal et son remède.

La violence, qui le conteste ? fut le mal de ces temps-là (¹). C'est au milieu de ces hommes à trempe de fer qui ne voudraient croire qu'à la vigueur de leurs bras, à la puissance de leur armure que s'élève une force nouvelle, elle n'a de prise que sur les âmes ; il faut tenir sa parole, leur crie au fond du cœur la voix de la justice ; il est honteux de frapper l'homme désarmé, leur crie celle de l'honneur ; une voix plus chrétienne leur persuade de protéger le faible, et la féodalité devient un vaste système de hiérarchie et de protection, et de son sein fécondé par l'église, naît la chevalerie.

_____

(1) _Guizot._ Essais sur l'hist. de France. Edit. Charp., p. 25.

Le chevalier n'est pas tenu seulement à des devoirs limités par ses conventions envers quelques personnes déterminées, tout n'est pas dit pour lui parce qu'à jour fixe, il s'est trouvé armé sous la bannière de son seigneur, parce qu'il a tendu sa lance pour donner aide et appui à son vassal menacé. Le chevalier s'est engagé vis-à-vis de l'Eglise, vis-à-vis de la société entière à tout bien et tout honneur; il doit être brave, généreux, franc, loyal, désintéressé, courtois, fidèle en tout et partout; il faut qu'il soit fort aussi, fort et habile à dresser sa lance, à supporter son lourd vêtement de fer, à lancer son destrier; fort par les hautes, les épaisses murailles de sa demeure, fort en toutes choses, car il faut que cette force de l'âme, cette force du chrétien, la vertu en un mot qu'il a promis de garder au dedans comme au dehors, puisse vaincre la force brutale, qui n'eût fait des nations modernes que des peuplades sauvages : danger réel, danger aussi sérieux alors que l'est aujourd'hui la dissolution de la société par l'excès du sensualisme, formulé aux deux extrémités de l'échelle sociale par l'excès de la mollesse, ou l'excès de la convoitise.

L'ennemi de son temps, le chevalier le devait vaincre comme nous devons combattre l'ennemi du nôtre. Il était de son devoir de s'aguerrir de bonne heure, et ce bras vigoureux, que l'artisan doit à ses rudes travaux, et dont il se fait une juste gloire, le chevalier devait se le donner par des exercices non moins rudes ([1]).

Sera-t-il dit cependant que ces obligations qui ont leur source dans l'élévation de l'âme, dans la puissance de la volonté, un accident de la nature, une faiblesse de tempérament, une maladie, un revers, une surprise vont vous ôter toute possibilité de les remplir. Non ! au chevalier sans armes, au chevalier vaincu, à son fils débile, il reste une force qui dépend de la volonté seule, la première, la dernière de toutes, celle qui, après la défaite, rend la victoire, la force qui, au service de Dieu, et avec sa grâce, fait le martyre, la force de savoir mourir.

---

(1) Sainte Palaye ; Mémoire sur l'ancienne chevalerie considérée comme établissement politique et militaire. 1753. p. 17.

Savoir mourir noblement, c'est-à-dire, comme a dû nous apprendre à le faire le chevalier chrétien, c'est mourir sans surexcitation sauvage, sans fanfaronnade, sans maudir le coup qui vous frappe, avec la conscience d'un devoir que l'on remplit, d'une vérité, d'un droit auxquels on rend témoignage, ou même d'une faute que l'on expie.

Nous avons esquissé les obligations du chevalier ; quiconque a voulu le devenir les a contractées, et vous avez sérieusement le droit de lui en demander compte. A quiconque aussi se donne pour successeur des anciens chevaliers, soit qu'il en descende, soit qu'il en tienne autrement la place, vous êtes en droit de demander semblable compte, autant que le peuvent comporter les modifications subies par l'état social.

La pique se croise contre la lance, la poudre va briser l'armure, raser la forteresse féodale, les troupes permanentes achèvent de déplacer la force militaire; les cours judiciaires se sont formées, leurs juridictions s'étendent et les justices seigneuriales donneront bientôt plus de responsabilité qu'elles ne conserveront de puissance, les temps modernes commencent, les temps chevaleresques ne sont plus : le noble cependant conserve le titre de chevalier, ou celui d'écuyer, son diminutif.

Avec la succession des années, le chevalier dans ses terres, ce ne sera plus que le propriétaire aisé, l'aîné de la famille dont l'influence s'étend sur le canton; le titre d'écuyer sera réservé à la branche cadette de médiocre fortune, au nouveau venu dans la hiérarchie nobiliaire, mais dans cette vie de propriétaire les idées militaires tiennent toujours la première place. Votre considération baissera bien vite, si vous n'avez passé vous-même sous les drapeaux, si vous n'y préparez vos fils, si vous n'avez maintenant quelques-uns des vôtres à se battre dans les armées du roi; et dans la gazette qui arrive ce sont les nouvelles de la frontière qui vont captiver toute l'attention de la famille. Le père se rappelle ses campagnes et les redit à son jeune fils; l'enfant attend impatiemment l'âge de porter l'épée et la jeune fille tremble en silence pour son fiancé.

L'ancien service féodal est réduit à peu de chose, si l'on considère l'obligation légale ; mais les lois traditionnelles de l'honneur y suppléent, elles font un devoir à la noblesse de servir le roi et l'État de son sang, de son épée, de sa fortune même, car ses appointements ne peuvent suffire aux premières nécessités de son équipement et de son entretien. Restée la première force militaire du pays, elle ne le doit pas uniquement à la préférence avec laquelle les grades militaires lui sont accordés, sans lui être exclusivement réservés, elle le doit surtout à son esprit de corps, dans un temps où il y avait beaucoup plus d'honneur que de profit à les prendre (1).

Quant à la partie purement morale de ses obligations, elles étaient devenues, pour la noblesse entière, celle de l'ancien chevalier : tout noble devait être autant que lui, brave, loyal, généreux, désintéressé et fidèle.

II.

Nous avons dit en gros quelles étaient les obligations de la noblesse, nous ne l'avons pu faire sans insinuer qu'elles les avait remplies ; cette pensée, nous devons essayer de la justifier en lui donnant quelques développements.

Quand nous disons que la noblesse a rempli ses obligations, nous en parlons prise en corps. Que dans son sein il y ait eu place pour le félon, elle eût eu peine à l'avouer ; pour le lâche, elle ne l'eût avoué jamais : reconnu évidemment comme tel, elle l'en eût aussitôt rejeté (2). Dans la triste réalité, cependant, quelles sont les passions, quels sont les vices qui n'aient pu se couvrir de quelque manteau que ce soit ?

Le premier des ennemis pour une institution sociale, c'est toujours

---

(1) Nous nous plaisons à renvoyer sur ce sujet aux *Etudes historiques et administratives* que M. Léon Audé donne, avec autant d'élévation que d'impartialité, dans l'Annuaire de la Société d'émulation de la Vendée, 1858, p. 295.

(2) De Quatrebarbes, *OEuvres de René d'Anjou*, t. II, p XCVII.

les défauts, les vices., les travers de son siècle. Comment concevoir la nature d'un semblable ennemi et comprendre que l'institution, que le corps destiné à lui résister n'en porte pas l'empreinte? où trouver des hommes qui ne portent pas l'empreinte fragile de l'humanité? où en trouver, dans un temps, qui ne soient pas exposés à tomber du côté où penche alors la fragilité humaine? Dans un temps de violence, où trouver des hommes qui soient toujours doux, justes et humains? dans un temps de mollesse, où en trouver dont la fermeté et le courage ne se démentent jamais? dans un temps de duplicité, où en trouver dont la franchise soit à toute épreuve.

La merveille, c'est que de ces hommes ou mous, ou violents, ou cupides, vous fassiez une armée qui combatte pour la justice, pour le droit, pour la protection du faible, où la violence soit contenue, où le courage se soutienne, et qu'en fin de compte la victoire vous reste.

Voici un régiment, prenez chaque homme à part et faites la somme de ce qu'il vaut! mettez les tous ensemble, qu'ils soient bien commandés, que la poudre parle! semble-t-il que ce soient les mêmes hommes?

Voyez une société, en quelque moment que vous choisissiéz, elle lutte; la vie de l'homme sur la terre, la vie des nations, c'est une guerre incessante. D'un côté, le vrai, le juste, le bien, la vertu, la prière; de l'autre, l'erreur, le mal, le vice, toutes les cupidités. Au milieu des péripéties d'un combat où chaque engagement porte une menace de mort, où chaque instant de trève cache une surprise, le char social marche franchissant de telles fondrières, cotoyant de tels précipices, que nul homme, s'il lui était donné de les bien voir, ne saurait se préserver du vertige, à moins qu'il ne fût chrétien.

La prière d'un moine obscur, d'une faible femme, d'un enfant est montée au Ciel. Dieu au secours des siens envoie plus qu'une armée : il envoie une vérité, le sentiment d'un devoir, une noble inspiration ; elle se fait jour, elle trouve accès en quelques âmes d'élite d'abord, elle y germe, y prend racine, bientôt elle grandit et se propage, souvent froissée, souvent atteinte en quelques-unes de ses branches ; mais elle est devenue capable de résister : il est peu d'hommes dont elle n'ait quelque chose à souffrir ; comme ce n'est pas de tous à la fois, ni de tous de la même manière, elle se soutient cependant, forte de l'appui du plus grand nombre, contre l'action destructive de quelques-uns.

Ainsi se forment les institutions destinées à la défense de la société ; elles s'en assimilent tous les éléments antérieurs qui peuvent se combiner avec elles , elles se transforment lorsque le déplacement de la lutte , fruit de leurs propres victoires, les rend inutiles sous la forme qu'elles avaient prise, et obligent à changer le système de la défense en même temps que s'est modifié celui de l'attaque ([1]).

C'est ainsi qu'au sein des sociétés du moyen âge naquirent la féodalité , la chevalerie, et que de leurs transformations était provenu le corps de la noblesse dans son état moderne.

Or, dans la généralité où nous tenons la question, demander si la noblesse féodale et chevaleresque a rempli ses obligations, c'est demander si la société a vécu, si elle a triomphé de l'ennemi qui faisait alors son danger. Puissions-nous seulement aussi bien vaincre celui qui fait le nôtre !

Les institutions dont nous parlons ne comptaient pas seules sans doute, mais elles comptaient parmi les forces vives de la société, la nature des obligations qu'elles imposaient le prouve. Si elles eussent failli à leur mission, par le côté qui leur était confié, on eût vu la société entraînée vers l'abîme ou plutôt manifestement surgir quelque chose qui eût pris leur place et fait ce qu'elles devaient faire.

La féodalité avait deux buts principaux : le premier était de rattacher les membres épars de la nation par des liens sociaux et tous ensemble à un lien central ; le second était de protéger efficacement le faible.

La preuve de l'efficacité du lien, c'est la force toujours de plus en plus prépondérante du suzerain ([2]).

La preuve de l'efficacité de la protection, c'est la prospérité des

---

(1) Guizot, *Essai sur l'hist. de France*, p. 269.
(2) Guizot, *Essai sur l'hist. de France*, p 272.

euples à la fin du moyen âge ; l'accroissement extrême de la popu-
ation attestée par les calculs de M. Dureau de la Malle, la multipli-
ité et la richesse des monuments qui supposent, avec le grand nombre
e bras disponibles, l'abondance des récoltes qui les nourrissaient.

Il est bien loin de notre pensée de vouloir tout excuser, tout dissimuler, encore moins de donner le mal comme n'étant pas mal, ou d'en
nier les funestes conséquences ; ce qui est mal est mal, un plus grand
mal, plus pernicieux, plus coupable de la part du noble, de la part du
chevalier voué par état, par des engagements exprès, à s'y opposer
de tout son pouvoir.

Fixez les yeux sur certains moments de notre histoire ; c'est affli-
geant, en vérité, de voir tous ces seigneurs guerroyant les uns contre
les autres, vassal contre vassal, vassal contre souverain. C'est une
telle confusion, de tels atermoiements, de telles alternatives de succès
que vous ne savez que croire, qu'espérer. Le roi frappe un coup, il
atteint l'ennemi ; mais, dans ce moment, son armée se débande, le
service mal défini des vassaux qui la compose est à son terme, et vous
le verriez à la merci de son vassal révolté, si celui-ci ne se trouvait
lui-même avec les siens dans une position aussi précaire.

C'est là un petit coin du tableau, vous y entendez beaucoup de
bruit, vous y voyez beaucoup de désordre ; mais étendez votre
horizon, tout ce bruit, tout ce mal, tout ce désordre n'est qu'acci-
dentel et local, le roi est le plus fort, bientôt il sera le seul fort, il
interdira les guerres privées, il l'emportera en tous points. Quel est,
cependant, le principe de sa force, si ce n'est la fidélité au lien féodal,
fidélité du plus grand nombre contre l'agitation insubordonnée de
quelques-uns ?

Considérez les choses sous un autre aspect, vous voyez de petits
tyrans qui oppressent leurs vassaux, qui pillent ceux de leurs voisins ;
il y en eut, ce n'est malheureusement pas douteux, à certains moments ils ne furent pas rares, on peut le craindre ; les ligues des
paysans armés avec l'approbation, sous la direction même du clergé (1), les puissantes associations des communes témoignent qu'il

---

(1) *Correspondant*, mai 1858, article de M. F. de Champagny, p. 135.

fallut quelquefois se défendre contre ceux qui étaient toujours armés pour la défense de tous, et, plus tard, la Jacquerie, nous l'avouons sans détour, accuse d'autres coupables que les meurtriers et pillards qui lui ont donné son nom.

Mais après tout qu'est-ce que tout cela encore, sinon quelque chose de momentané et de partiel? Les ligues, s'il y en eut de régulièrement organisées pour se défendre de l'oppression de quelques seigneurs et non pas plutôt contre les bandes de routiers, de gens sans aveu, sans lien féodal, le mot semble le dire, remonteraient au temps où la féodalité et la chevalerie étaient dans leur laborieux enfantement; la Jacquerie, au contraire, fut la conséquence de troubles qui agitèrent le règne des Valois, lorsque la transition commençait à s'opérer entre les temps féodaux et les temps modernes.

Pour sentir toute la portée de notre argumentation, il faut être bien convaincu que nulle société ne se maintient sans une force armée pour sa protection au dedans comme au dehors. Où en serions nous aujourd'hui sans la gendarmerie et la caserne? Beaucoup de nos casernes étaient au moyen âge de vastes couvents où l'on ne connaissait d'autres armes que la prière; c'était sans doute un immense préservatif, mais telles que se passent les choses, la prière de Moïse qui obtient la victoire ne dispense pas Josué de combattre pour la recueillir.

Où était la force armée, la garde vigilante, veillant à la tranquillité publique? Les ligues dont nous avons parlé n'avaient eu, quelles qu'elles aient été, qu'une action passagère; la commune protégeait la cité; qui protégeait les campagnes? Quant aux bandes soulevées pour le pillage et la vengeance sous le nom de Jacquerie, leur répression, aussitôt qu'elles se montrent, devient le plus grand besoin des populations laborieuses et honnêtes.

Le donjon féodal nous apparaît seul comme ayant pu avec suffisamment de permanence étendre une ombre protectrice sur le laboureur, et nous en concluons qu'il fut ce qu'il devait être. Notre

De Courson, *Histoire des Peuples bretons*, Paris 1846. T. 11, p. 215 226.

conclusion nous semble d'autant mieux fondée qu'il y eut des exceptions qui nous font mieux sentir la nécessité d'une puissance répressive.

En des temps plus rapprochés de nous, si nous considérons les rapports du village et du château, nous sentons que d'ancienne date ils étaient effectivement en général tout de bienveillance et d'attachement ; aujourd'hui encore il n'est pas difficile de trouver des populations qui, vivement prévenues d'ailleurs contre la noblesse, conservent de vieux restes de respect et d'affection pour la race de leurs anciens seigneurs, et ce que le château fut lorsqu'il avait la puissance, vous pouvez jusqu'à un certain point en juger, en voyant ce qu'il est pour le pauvre, là où la vieille chaîne de ses traditions n'a pas été entièrement rompue.

De même, en observant qu'il est encore parmi nous des vertus chevaleresques, vous pouvez sans autre étude acquérir la conviction qu'il y eut de vrais chevaliers.

L'histoire en cite peu d'accomplis, il n'y a pas à s'en étonner : l'histoire raconte plus volontiers le mal que le bien ; le mal fait trace, le bien est l'état normal des choses ; le chevalier accompli, d'ailleurs, c'est un homme parfaitement vainqueur de lui-même ; c'est là, hélas ! un homme toujours rare ; les meilleurs communément dans le combat qu'il faut livrer contre soi-même sont vainqueurs plus souvent, mais ne le sont pas toujours. Le type du chevalier accompli existe cependant, il existe dans les saints : dans notre saint Louis, le grand justicier, dans Louis, le saint, le pieux et digne époux de sainte Elisabeth de Hongrie, le noble et sérieux vengeur de torts ; ils ne furent pas les seuls de leur espèce, dans un monde si prompt à les vénérer, il n'est pas possible de le croire.

Le chevalier tel que l'ont conçu les romans de chevalerie n'est pas un être purement fantastique, l'idée que nous en donnent Chateaubriand et Marchangy (¹), au point de vue poétique, est fondée sur les faits savamment compulsés par Sainte-Palaye (²), et, en dernier lieu,

(1) *Génie du Christianisme*, 4ᵉ partie, liv. V, chap. IV. — *Gaule poétique*, 27ᵉ récit. Paris 1835, t. IV, p. 350.

(2) *Mém. sur l'anc. Chev.*, p. 24, 29, 39.

par M. de Quatrebarbes ([1]) ; elle ne diffère pas du type qui ressort des chroniques de Joinville à Froissard, et qui, réalisé au seuil des temps modernes par Louis de la Trémouille et Bayard, leur mérita le titre de chevaliers sans peur et sans reproche.

Sans mettre tous ses membres à l'abri de tout reproche, « cet esprit chevaleresque, cette chasteté de l'honneur » qui, au dire de Ferrand, « ont seuls suffi pour sauver souvent le royaume ([2]), » continuèrent de circuler dans la noblesse comme un sang généreux ; de ses veines ils se répandirent dans celles de toute la nation, dans l'armée surtout, son héritière la plus directe. Sous cette croûte d'égoïsme qui, envahissant tout, l'atteint en partie elle-même et s'y traduit sous le nom d'avancement, d'avancement sans relâche et sans limite, combien ne voit-on pas percer jusque dans le simple soldat arraché de ses champs, de la loyauté, de la générosité, du dévouement que lui ont légué les chevaliers ?

Toutes ces qualités, tous ces sentiments, si on les considère dans le mobile qui les entretient et les fait naître, s'expriment par un seul mot, ce mot nous l'avons dit, c'est celui de l'honneur, de l'honneur militaire surtout.

Sous ce mot sont aussi compris les liens les plus forts et les plus réels qui, de tous les âges, rassemblent dans un même faisceau, toutes les générations de la noblesse.

La noblesse elle-même peut être considérée comme une vaste école d'honneur ; si « elle a conservé un certain prestige, une certaine valeur d'opinion, cela tient surtout à ce qu'elle est demeurée le type de l'honneur. » Les lecteurs de cette Revue n'ont pas oublié ces paroles de M. A. de Courcy, notre ami ; il nous permettra de lui donner un nom qui rappelle les sympathies déjà vieilles de deux condisciples ; ces paroles suffiraient seules à démontrer notre thèse : la noblesse en corps a rempli ses obligations, car elle est demeurée le type de l'honneur.

---

(1) *OEuvres de René d'Anjou*, t. 11, p. XXIX.
(2) *Esprit de l'Histoire*, Paris 1826. T. 2., p. 344.

IV.

Si M. de Courcy n'avait fait que nous parler de l'honneur, c'est a dire, s'il en eût seulement défini la nature, analysé les nuances, signalé les écarts, quelque finesse d'aperçu, quelque sagacité qu'il y eût mise, il ne nous eût pas charmés autant qu'il l'a fait; il nous a parlé honneur, voilà le grand secret de son succès. Il nous permettra, au nom d'un sentiment dont la vérité est si bien démontrée par son propre langage, de ne pas nous en tenir à quelques-unes de ses expressions qui, prises dans leur généralité, sembleraient atteindre la chose, tandis qu'elles doivent porter seulement sur l'abus que l'on en fait.

M. de Courcy parle d'un honneur qui serait une création de l'orgueil [1]. Dans le sens où nous le prenons, nous ne pouvons admettre que l'honneur soit jamais une création de l'orgueil; l'honneur, quoiqu'il puisse se cacher dans les profondeurs de la conscience, est quelque chose dont la nature est de paraître, l'orgueil par conséquent peut facilement s'en emparer; mais l'orgueil n'a point créé cette chose que nous sentons si bien en nous; cet honneur survit à l'orgueil et grandit d'autant plus, nous en sommes convaincu, qu'il est plus humble.

Nous nous sommes mis dans la nécessité d'essayer de définir nous-même ce que nous entendons par honneur.

L'honneur, dans son sens le plus général et le plus vrai, disons mieux, dans son sens fondamental, est inséparable de la vertu; les définitions sont diverses, les acceptions sont différentes, l'idée de la vertu s'y rencontre toujours ou exprimée ou sous-entendue, ou vraie ou présumée, comme centre commun où toutes viennent aboutir. L'honneur est toujours un témoignage qu'on veut lui rendre, ou une gloire qui la suit, ou une estime qu'on lui doit, ou une loi qui la règle, s'il n'apparait, comme la vertu elle-même, sous un mode ou un aspect particulier.

Dans Rome païenne le temple de la Vertu précédait celui de l'Honneur, comme pour dire que l'on n'atteint point celui-ci que l'on ne soit passé par celle-là. Les mots *virtus, honor* n'avaient pas, il est vrai, chez les Romains la signification étendue que nous donnons à ceux de vertu et d'honneur, mais, à l'extension près, leurs rapports ne nous semblent pas avoir essentiellement changé.

Virtus, c'était surtout le courage, la première des vertus militaires; dans la pensée chrétienne les idées de force, de courage, de combat, de victoire comprises dans le mot *virtus,* sont étendues à toutes les vertus. Le mot *honor* a subi des modifications analogues, il faut toujours être passé par la vertu pour arriver à l'honneur ou du moins être réputé l'avoir fait pour en obtenir les apparences.

Si la vertu devait être toujours éclatante, nous dirions que l'honneur est l'éclat qui l'environne, mais la vertu, alors même qu'elle passe doucement et sans bruit, est toujours belle, toujours elle a quelque chose de lumineux pour qui sait la voir et la sentir; cette lumière, ce rayonnement qui s'en distingue comme notion abstraite, mais qui lui est inhérente, c'est l'honneur; il devient comme la parure à la fois et comme le vêtement obligé de l'homme vertueux.

Tel est, disons-nous, l'honneur selon son sens le plus fondamental, sinon le plus usuel; tous les autres en dérivent, celui qui permet de le considérer, avec M. de Courcy, comme une loi qui par l'opinion règne sur la conduite des hommes, celui également qui nous le fait apercevoir comme un sentiment délicat qui a principalement sa source dans la conscience.

Comment, en effet, l'opinion envisage-t-elle l'honneur, si ce n'est comme une sorte de revêtement et d'auréole propre aux qualités et aux actes auxquels elle attache sa sanction, dont elle rehausse le prix en même temps qu'elle les répute si essentielles ou à tous les hommes ou à une classe d'hommes plus spécialement, qu'ils ne puissent en paraître privés sans honte et sans ignominie?

L'opinion ne distribue pas l'honneur et le déshonneur selon les règles d'une morale irréprochable, elle ne les attache pas à toutes les actions vertueuses ou vicieuses, elle ne les y attache pas toujours selon qu'elles le sont plus ou moins, elle les y attache quelquefois comme dans le duel en sens inverse du véritable devoir.

L'honneur tel que l'opinion nous le présente participe donc de ses défaillances et de ses égarements ; nous n'en concluerons pas cependant que pour le conserver tel que nous le concevons, pur de tout alliage, il faille rompre avec elle.

L'opinion n'est point une puissance illégitime ; quand elle s'égare c'est une coupable faiblesse que de lui obéir, mais elle est le seul levier capable, une fois devenue bonne, de soulever les masses et de les conduire à de grandes et nobles choses ; sans elle le bien n'est possible, pour ainsi dire, qu'à l'état de protestation.

La grande fortune acquise par la notion de l'honneur, chez les peuples formés de l'alliance de l'église et de la féodalité, vient de ce que l'opinion s'y montre singulièrement exigeante et délicate, malgré ses lacunes, quant aux vertus qu'elle prend sous sa sauvegarde.

Elle ne donne sous le nom d'honneur, c'est vrai, qu'un code incomplet de morale, mais elle y inscrit, pour chaque état, les devoirs qui lui sont le plus essentiellement propres ; elle paraît se satisfaire du dehors, c'est vrai ; comment ferait-elle autrement ? elle est une puissance tout humaine et n'a pas le pouvoir de sonder les cœurs ; mais ce serait une erreur de croire qu'elle ne les demande pas ; elle les demande si bien que, selon sa propre manière d'en juger, n'avoir que les apparences de l'honneur, c'est n'en avoir pas.

Là est le principe et l'explication de tout ce qui, de sa part, paraît inconséquent dans le code de l'honneur. Où il le semble davantage, c'est lorsque de deux coupables celui qui l'est le moins, l'être faible et malheureux, est réputé déshonoré, et que le provocateur peut prétendre n'avoir rien perdu de son honneur.

La chasteté est la vertu propre de la femme, la perte en a chez elle de pires conséquences ; son honneur y est spécialement attaché comme celui de l'homme au courage et à la probité ; est-ce logique ou inconséquence ?

De savoir ensuite quel est, dans une faute commune, le plus coupable, cela dépend de circonstances justiciables du tribunal de la conscience; l'opinion les ignore ou est censée les ignorer. Admettez cependant une réunion d'hommes pour lesquels l'honneur ne soit pas une fiction, présentez-leur un séducteur, un vrai séducteur responsable à la fois de sa propre faute et de celle qu'il a fait faire, ils ne diront pas qu'il est déshonoré, les nuances de notre langage demandent une autre expression, ils diront entre eux, ou au moins ils se diront en eux-mêmes, ce n'est pas un homme d'honneur.

Le code de l'honneur n'est donc pas tel que l'opinion le fait ni aussi insuffisant, ni aussi inconséquent qu'il le paraît, à n'envisager que quelques unes de ses décisions prises isolément; nous allons plus loin et nous disons que, même lorsqu'il donne tout à fait à faux, dans le duel, c'est presque uniquement parce qu'il vous suppose le droit que vous n'avez pas de disposer de votre vie.

En présence d'un droit qui le défend, pour obéir au point d'honneur qui commande le duel, il faut sans doute ou vain orgueil, ou réelle pusillanimité, ou haine, ou vengeance, mais il est si peu réputé s'adresser à aucun de ces mauvais sentiments que la plupart ne pourraient pas s'avouer; il semble si peu fait pour satisfaire la vengeance, que là où elle vous dirait de tuer votre ennemi, il vous oblige à vous faire tuer par lui ou du moins à vous y exposer avec des chances égales, souvent défavorables.

Ce que le point d'honneur vous demande ouvertement, c'est le sentiment de votre dignité personnelle, c'est une exquise sensibilité en ce qui touche à votre réputation ou à celle de vos proches, à ces vertus mêmes qui sont consacrées par l'opinion comme devant être votre indispensable partage, c'est de n'attaquer personne qui ne soit mis en état de se défendre; c'est du courage, de la loyauté, de la justice, toutes choses que demande de vous le sentiment de l'honneur le plus vrai, c'est à dire le sentiment le plus délicat de la vertu, et pour lequel il vous ferait faire réellement le sacrifice de votre vie, s'il était en votre pouvoir de la donner.

L'honneur tel qu'il règne par l'opinion, et tel qu'il a son siége dans la conscience, s'ils ne peuvent absolument se confondre, ne doivent encore moins se séparer, c'est lorsque l'opinion et la conscience tombent d'accord à la place où il doit être qu'il a vraiment toute sa puissance.

Il peut suffire encore alors des apparences d'une vertu commune pour ne pas être déshonoré, c'est à dire affiché comme un homme sans honneur, mais l'homme d'honneur se pique non-seulement de posséder solidement et profondément les vertus consacrées par le sentiment de l'honneur, mais de les posséder jusqu'à cette perfection exquise qui a reçu le nom de délicatesse.

La fidélité, la franchise, la véracité ont leurs délicatesses aussi bien que la probité, et si le faux point d'honneur est si vivement affecté du moindre démenti, c'est qu'un homme où vibre l'honneur dans toute sa pureté ne voudrait pas que de sa bouche sortît la moindre parole capable d'altérer la vérité.

A certains égards l'honneur exige une vertu si délicate que nous ne craignons pas de trop nous avancer en disant qu'il n'y a que les saints capables d'y satisfaire dans l'intime réalité du cœur.

On en conclurait que pour être un homme d'honneur dans toute la perfection il faut être saint, en d'autres termes que l'on ne peut avoir parfaitement les qualités auxquelles l'opinion attache l'honneur, si l'on n'a en même temps toutes les vertus que Dieu demande de nous et qu'il nous rend possibles par sa grâce.

L'honneur, cependant, jusqu'à un certain point survit à la vertu, la précède et la supplée, c'est à dire que là où le bien n'apparaît plus ou n'apparaît pas encore comme un devoir de conscience, on le peut faire parce qu'on le sent beau, ou qu'on le voit comme un décorum obligé de position ; mais cet état ne peut indéfiniment se prolonger ; un homme d'honneur, s'il l'est véritablement, se sent obligé pour le rester de devenir vertueux, il le devient, et le sentiment de l'honneur communique à sa vertu ce quelque chose de délicat et d'élevé, de spontané que n'a pas l'homme simplement vertueux.

L'honneur nous a sauvés, disaient un jour ensemble deux gentilshommes en parlant de tous ceux qui, enfants comme eux lors de la crise révolutionnaire, leurs parents proscrits, les églises profanées, s'étaient vus abandonnés sans prêtres, sans maîtres et sans guides, aux moments les plus critiques de leur jeunesse. Ces hommes, en effet, nous les avons vus ou nous les voyons d'une droiture, d'une loyauté, d'une délicatesse à toute épreuve, nous les voyons tous finir par vivre et mourir en chrétiens, et l'on dit d'eux : C'étaient des hommes de l'ancienne roche ! Espérons que, grâce aux traditions de l'honneur chevaleresque qu'ils nous ont transmises intactes à travers nos orages, on pourra le dire aussi de leurs enfants.

Voilà comment M. de Courcy nous a fait comprendre l'honneur, comment on voit qu'il le sent et le comprend ; si nous avons cru utile d'ajouter quelques réflexions aux siennes, c'est que la nature de notre thèse nous obligeait à dégager plus explicitement le vrai honneur de tout ce qui peut s'y mêler de faux, de tout ce que l'orgueil y peut apporter d'altération.

Le vrai honneur, ce sentiment à la fois intime et social, n'a pu être puisé qu'aux sources chrétiennes les plus pures, et nous avons pu le dire : par cela qu'elle s'en est pénétrée, l'a développé, et l'a propagé, la noblesse n'est pas restée au-dessous de ses obligations.

V.

Soit que nous ayons parlé des obligations de la noblesse ou de la manière dont elles ont été remplies, nous l'avons fait en la considérant comme formant, aux diverses époques de son histoire, dans des positions différentes, toujours un même corps dont les membres, jusqu'à la fin, sont restés solidaires ; avons-nous eu raison de le faire ? c'est ce qui nous reste à examiner.

La noblesse s'est plusieurs fois en grande partie renouvelée ; comme toutes les armées, elle eût été promptement anéantie, si elle ne se fût recrutée ; nous disons qu'elle n'en est pas moins toujours restée la même ; c'est ainsi que le corps humain conserve son identité, bien que les éléments qui le composent soient, au bout d'un certain laps de temps, remplacés par des éléments nouveaux ; nous le soutenons d'autant mieux qu'à toutes les époques, soit lorsqu'elle s'est formée, soit lorsqu'elle s'est en partie renouvelée, elle a puisé aux mêmes sources, c'est à dire dans les forces vives de la nation, sans distinction essentielle de race.

Le système dans lequel se rencontrent, avec un esprit diamétralement contraire, Boulainvilliers et Augustin Thierry, système qui ferait de la noblesse à son origine le privilége exclusif de la race franque, la mettrait avec le reste de la nation dans l'état d'antagonisme du vainqueur au vaincu, et établirait une délimitation infranchissable entre les premiers nobles et ceux qui le sont devenus depuis; ce système ne peut se soutenir dans son exagération. Montesquieu ([1]) et M. Guizot ([2]) l'ont prouvé, tout en repoussant les excès du système contraire de l'abbé Dubos. Ce système tombe devant ce seul fait que la Bretagne, qui n'a pas subi de conquête, est une de nos provinces où la noblesse a été la plus nombreuse, la plus puissante et la plus considérée.

Chez tous les peuples il y a une noblesse, il y en avait une chez les Gaulois, il y en avait une chez les Romains, il y en avait une chez les Francs ([3]); chez tous les peuples aussi la noblesse diffère sous quelques-unes de ses attributions, de ses obligations, de ses prérogatives. La plus ancienne noblesse véritablement française, c'est celle qui commence avec la féodalité et se perd avec elle dans une commune origine ([4]).

Pour l'acquérir, qu'a-t-il fallu? être avec fixité voué à la profession des armes et en possession d'un fief ([5]) pendant cette époque d'enfantement qui se clot avec la complète introduction du nom de famille et des armoiries, par conséquent avec la première croisade, ou si l'on veut aller jusqu'à la seconde et terminer le douzième siècle, qui ne peut s'étendre pendant toute la durée du treizième.

Pour jouir de certaines prérogatives honorifiques, pour monter, par

---

(1) *Esprist des Lois*, Londres, 1767, t, II, l. XXX, c. XXV, p. 296 à 350.

(2) *Essai sur l'hist. de France*, p. 256.

(3) *Esprit des Lois*, l. XXX, c. XXV, p. 350; *Moreau*, Discours sur l'hist. de France, Paris, 1778, t. VI, disc. 7e, § III, p. 319; *Chateaubriand*, Études hist., Paris, 1833, t. III, p. 367; *de Courson*, Hist. du Peupl. bret., p. 125, t II.

(4) *Moreau*, id.; *Guizot*, Essais sur l'hist. de France, p. 27.

(5) *Montesquieu*, Esp. des Lois, id., id., p. 429, 595; *Moreau*, Disc. sur l'hist. de Fr., t. X, XIII, XIV, XV, disc. 17, § VI; 17, § III; 18, § I; 19! — *Chateaub.*, Études hist. t, III, p. 368, 409, — *Guizot*, Essais sur l'hist. de Fr., p. 266; — *de Courson*, Hist. du Peupl. bret., t. II, p. 126.

exemple, dans les carosses du roi, il fallait être réputé gentilhomme de nom et d'armes, c'est à dire de cette noblesse primitive aussi ancienne que l'usage des noms de famille et les armoiries, c'est ce qui résulte des explications de La Roque (1) ; et cependant on n'exigeait de preuves que jusqu'au quatorzième siècle ; on se contentait donc d'une présomption pour les deux siècles précédents.

En réalité, cependant, ces deux siècles ne s'étaient pas écoulés sans que beaucoup de nouvelles familles fussent entrées dans la noblesse par ces deux portes : le service militaire et la possession du fief.

Avec le quatorzième siècle se clot une autre période, celle de l'ancienne chevalerie ; la noblesse d'ancienne chevalerie se confond de fait avec celle de nom et d'arme ; elle en serait distincte, si on s'en tenait aux définitions ; elle pourrait effectivement avoir été acquise deux cents ans plus tard.

La noblesse d'ancienne chevalerie peut elle-même s'entendre de deux manières : des familles qui ont eu en réalité des membres armés chevaliers et de celles qui, sans pouvoir prouver qu'elles aient eu cet honneur, prouvent seulement qu'elles y étaient aptes en prouvant qu'elles étaient nobles au temps dont nous parlons.

Postérieurement au quatorzième siècle, de nouveaux venus dans la noblesse ont pu encore devenir chevaliers ; mais, alors, ce n'est plus qu'une illustration qui compte comme telle, sans influer sur les classements que l'on a essayé de faire, eu égard à l'ancienneté de la race.

Le noble de race, toujours selon La Roque (2), était en général celui qui tenait sa noblesse de ses ancêtres, il prouvait sa qualité en prouvant que pendant les trois ou quatre générations qui l'avaient précédé, ses pères avaient joui des priviléges de la noblesse et en avaient rempli les obligations, avaient vécu noblement. Sous ce nom pouvaient donc bien se confondre ceux dont l'origine remontait réellement à la première antiquité féodale, soit qu'ils fussent en mesure de le prouver ou qu'ils ne le fussent pas ; ceux dont la qualité avait été acquise depuis la possession d'état, par l'accomplissement insensible des conditions requises, ce qui constituait une sorte de pres-

(1) *Traité de la Noblesse*, in-4°, Rouen 1710, p. 12.
(2) *Traité de la Noblesse*, p. 39.

cription légitime ; ceux qui la devaient à un anoblissement proprement dit, mais qui pouvaient invoquer quelque chose de mieux : l'anoblissement aurait permis seulement à leurs pères d'entrer dans le corps de la noblesse, ils donnaient la preuve que leurs pères y étaient effectivement entrés, qu'ils avaient vécu de sa vie, qu'ils s'étaient imprégnés de son esprit. Dans aucun autre sens on n'était mieux en droit de dire que le roi pouvait faire des nobles, mais qu'il ne pouvait pas faire un gentilhomme.

Sans aller tout à fait jusqu'à faire de la question de race et d'origine une question de nationalité, il en est qui ont voulu établir une distinction radicale, sans intermédiaire, entre les nobles en quelque sorte de première formation et ceux qui ont été anoblis depuis par acte exprès. Comme ils admettent en même temps que la pratique de l'anoblissement n'a pris d'extension qu'au XVe siècle, il en résulterait à leurs yeux que tous ceux qui font remonter leurs preuves au XIVe siècle doivent être présumés de la première catégorie, et que faute de le pouvoir faire, on est au moins suspect de n'avoir droit qu'à la seconde.

Les faits viennent démentir ce système mixte aussi bien que le système absolu des nationalités. La noblesse, depuis sa première formation, se recruta, on peut le dire, constamment (') et toujours par les mêmes moyens et aux mêmes conditions qu'elle s'était formée, c'est à dire par le service militaire et la possession du fief. L'anoblissement sous forme légale, d'une part, remonte bien au delà du XVe siècle, les exemples n'en sont pas rares au XIIIe ; de l'autre, il ne devint en fait indispensable pour acquérir la noblesse, qu'au moment où dans un intérêt fiscal, la légitimité de sa possession fut sérieusement soumise au contrôle des cours de finance. Nous en avons la preuve dans le grand nombre de familles qui en furent éliminées faute d'une possession d'état assez prolongée.

Le premier venu ne pouvait, sans doute, se faire noble quand il le voulait ; autrement il n'eût jamais été utile de recourir à l'autorité royale, aux priviléges des communes, aux charges anoblissantes ; il fallait se faire tacitement au moins accepter par les nobles de sa pro-

---

(1) Chateaubriand, *Études hist.*, t. III, p. 409. Auteurs cités précédemment.

vince, par le seigneur dont on devenait le vassal noble, par le chevalier dont on devenait l'écuyer; il fallait que l'élévation des sentiments,
le genre de vie, l'état de fortune, la continuité des services répon-
dissent à la position que l'on prenait; si vous étiez noble de cœur, si
votre fils, votre petit-fils, votre arrière-petit-fils continuait de même,
la chose était jugée.

Avec cela, vous aviez pu vous passer des cours de justice, avec
toutes les lettres patentes, toutes les charges privilégiées, tous les
entérinements possibles; sans cela, c'est à dire sans la vie effectivement noble, sans le service militaire, sans la position territoriale attachée à la possession du fief, tout cela continué pendant plusieurs
générations, il vous manquait quelque chose pour vous faire reconnaître comme définitivement et complétement incorporé à la noblesse,
pour vous mettre en droit de vous dire gentilhomme.

Notre conclusion, c'est que ces conditions une fois remplies, il n'y
avait pas de différence radicale entre tous les membres du corps de la
noblesse, ils pouvaient tous dire comme Henri IV le leur disait : Nous
sommes tous gentilshommes.

L'ancienneté primitive de la race cependant était et devait être, et à
notre avis doit toujours être, un titre particulier et important à la
considération.

Nous ne disons pas assez, la notion de la noblesse dans son accep-
tion la plus complète et la plus pure, implique l'idée d'une ancienneté
telle que ce serait faire baisser certaines familles que de montrer, en
remontant à quelque âge que ce soit, quand elles ont commencé.
N'avoir pas commencé dans cet ordre d'idées, ce serait d'âge en âge,
de peuple en peuple, sans bâtardise, sans dérogation, descendre du
père commun des hommes par une suite d'ancêtres, toujours libres,
toujours nobles. Cette noblesse du premier ordre, elle n'est pas sans
exemple; il est un homme qui l'eut et l'a prouvée par une table
généalogique de quatre mille ans : le fils de Dieu en prenant la nature
humaine a consenti à naître, à vivre humble et pauvre, mais il n'en
a pas moins voulu être le plus noble des hommes.

Qui oserait approcher d'une telle noblesse? Mais si nul n'a le droit
d'y prétendre, c'est un grand et légitime honneur, après avoir prouvé

ne existence noble d'une longue série de siècles, au moment où
s'arrêtent les preuves, de pouvoir encore défier d'y découvrir aucune
trace de commencement.

L'ancienneté a son prix, il est grand, elle donne droit dans le
même corps à un rang supérieur, mais elle ne l'obtient pas seule; un
commencement connu pour avoir été mérité par une grande action,
ou ce qui vaut mieux encore par beaucoup de bonnes, est loin d'être
sans valeur; l'illustration acquise dans la suite, les services, cette
sorte d'illustration, moins éclatante, mais non moins solide, la
position, c'est-à-dire l'importance des charges, des fiefs, de la fortune,
la mesure d'influence ont place également au concours.

La hiérarchie nobiliaire a dépendu de tout temps de ces conditions
diversement combinées; et de même qu'un jeune prince pourvu dans
une armée d'un grade encore peu élevé, est à la fois moins que son
général comme officier et plus que lui comme prince, le vassal pouvait
être par l'antiquité de sa race supérieur au suzerain dont il relevait;
le simple gentilhomme au grand seigneur devant lequel il était obligé
de s'incliner, et d'un autre côté une famille d'une antiquité plus contes-
table pouvait l'emporter sur lui par l'importance des services, par un
degré plus éminent d'honneur chevaleresque.

Ce qui constituait plus véritablement une noblesse à part, c'était
celle qui continuait de vivre dans les villes, parce que, vouée aux
fonctions municipales et judiciaires, elle avait un genre de vie particulier et un esprit qui lui était propre [1].

Ces fonctions en elles-mêmes sont essentiellement nobles et les plus
nobles de toutes; le roi, chef suprême de la noblesse, doit être plus
magistrat encore que guerrier; nos plus grands rois nous en ont donné
l'exemple, Charlemagne, ce puissant dompteur de peuples, Philippe-
Auguste, le vainqueur de Bouvines, St Louis, le chevalier par excel-
lence, aussi bien que Charles V et Louis XIV qui ne commandaient
pas eux-mêmes leurs armées.

Le premier tribunal du royaume, la cour des pairs, avait pour juges
les premiers de ses seigneurs, et les conseillers du parlement n'étaient

---

[1] Mém. des antiq. de l'Ouest, 1854. La Ligue à Poitiers, par M. Ouvré, p. 90, 159, etc.

véritablement dans l'origine, comme le nom le dit, que leurs conseillers. Si les seigneurs féodaux, trop exclusivement livrés à la guerre, eussent davantage satisfait par eux-mêmes à leurs attributions judiciaires, dans l'ordre des faits comme dans l'ordre logique, la magistrature eût occupé le premier rang.

Si l'opinion publique ne plaçait la noblesse de robe qu'en seconde ligne, c'est qu'elle n'était venue que la seconde, c'est qu'elle se recrutait plus directement dans les familles qui, honorablement parvenues à la richesse, trouvaient dans ces fonctions le moyen d'acquérir un rang que la richesse par elle-même ne pouvait leur donner ; c'est qu'ordinairement elle restait plus rapprochée d'idées, de relations, d'habitudes avec des parents encore livrés au commerce et à l'industrie, ou vivant dans les professions libérales éminemment honorables sans doute, mais qui, par leur caractère privé, étaient moins aptes à laisser prendre ce cachet d'élévation, de désintéressement, de générosité, d'oubli des intérêts pécuniaires, qui, dans une large mesure, doivent compter parmi les qualités des hommes publics, qualités que possédait en fait la noblesse, que l'opinion exigeait d'elle, et dont l'exagération était son défaut aussi ordinaire que l'était peu le défaut contraire.

Assurément toutes les professions utiles à la vie de l'homme, à la direction de ses affaires, au maintien et au progrès des arts, de l'industrie, méritent d'être estimées, d'être encouragées, d'être honorées ; le laboureur, l'artisan, l'industriel, le commerçant, l'artiste, l'homme de loi y ont droit non-seulement pour les services souvent indispensables qu'ils nous rendent, mais encore pour des qualités, des vertus plus spécialement propres à chacun de leurs états ; on peut dire qu'ils sont même la seule pépinière vraiment féconde des générations à venir.

Toute famille arrivée, arrivée autrefois à la noblesse, et encore plus aujourd'hui si elle est arrivée à la fortune, aux fonctions sociales élevées, sans ce genre de garantie et de stabilité que donnait la noblesse, par ses qualités comme par ses défauts, par les vices auxquels, il faut bien le dire, elle est plus particulièrement exposée, a de la tendance à se détruire. Elle consomme et ne s'enrichit pas, et si elle ne donne plus son sang sur les champs de bataille, le luxe et la mollesse n'en ont que plus promptement raison.

Veut-elle même essayer de se décharger du joug qui lui interdisait le commerce et la spéculation, ou pour rétablir une fortune compromise ou pour leur emprunter de plus puissants moyens de jouir ; faute d'y porter assez de patience, de laborieuse, de minutieuse économie, par ses hardiesses aventureuses, par ses générosités mal calculées, elle ne fait le plus souvent que hâter sa ruine. Tombe-t-elle tout à fait, elle est devenue incapable de labeurs rudes et réguliers qui seuls font la fortune du pauvre, qui seuls lui rendent possible une vie prolongée et honnête.

On le voit, nous faisons la part belle aux classes même les plus inférieures, loin de vouloir les déprimer. Le noble cependant, nous dira-t-on, méprisait le vilain ! Quand il avait cette faiblesse, nous nous garderons bien de l'excuser ; mais il avait raison lorsque, sous le nom de vilainie, il regardait dans un gentilhomme comme vice honteux ce qui n'eût été qu'un défaut excusable, quelquefois même une qualité de la part d'un pauvre paysan, d'un humble ouvrier.

Il est reconnu d'ailleurs que, dans nos contrées du moins, du noble au paysan la franche cordialité des rapports ne pouvait laisser que peu de place et à la haine et au mépris.

Une société hiérarchisée dans toutes ses parties, les professions groupées non par individus mais par familles et formant des classes distinctes ; ces classes se joignant toutes par quelques côtés en se recrutant sans distinction les unes par les autres ; les familles maintenues cependant chacune dans la sienne, avec assez de fixité pour en prendre l'esprit, pour donner aux qualités et aux vertus, plus spécialement propres à chacune d'elles, le temps de se développer ; au sommet la noblesse, non qu'on puisse dire que moralement elle fût meilleure, plus exempte de défauts, de passions, moins exposée au vice, mais la première par ses fonctions publiques, par des qualités, des vertus, des traditions, un esprit plus conforme à ce rôle : tel est sommairement le tableau de la France autrefois.

La noblesse elle-même y apparaît, avons-nous dit, avec sa propre hiérarchie combinée diversement ; elle y apparaît formée d'éléments jusqu'à un certain point distincts, selon les courants qui les amènent, mais toutes ces différences d'origine tendent incessamment à se fondre dans un tout homogène ; les devoirs, les droits, les attributions et bientôt les alliances, les habitudes, les idées, les sentiments sont les mêmes ; la noblesse de robe se hâte de faire porter l'épée à ses fils ; la race nouvelle, lorsqu'elle recueille l'héritage de la race éteinte, s'attache à devenir ce que celle-ci aurait été, elle fait ce que celle-ci aurait fait, elle pense ce que celle-ci aurait pensé, la solidarité est acceptée autant qu'elle oblige, elle est recueillie autant qu'elle profite.

Membres d'un même corps, voilà la conséquence ; tous les nobles portent une certaine responsabilité de la conduite les uns des autres, comme il arrive dans une famille ; la faute d'un seul ne les rend pas tous coupables, mais tous sont tenus à une certaine réparation, ils doivent s'en décharger au moins par un surcroît de zèle à se pourvoir des qualités contraires, aucun ne doit y rester indifférent, aucun par conséquent n'en verra un autre accusé qu'il ne puisse aussitôt se regarder comme mis en cause ; il en a le droit, surtout s'il arrive que l'on veuille faire un grief de ce qu'ils ont tous accepté comme un honneur.

APERÇUS HISTORIQUES

SUR LA

NOBLESSE DE LA VENDÉE.

————

1. Guerres anglo-françaises. — II. Guerres de religion. — III. Essai de statistique de la noblesse restée catholique. — IV. Émigration. — V. Guerres de la Vendée.

I.

La noblesse de la Vendée, sur l'histoire de laquelle nous nous proposons de jeter un coup-d'œil, ne devrait pas être seulement celle de la portion du Bas-Poitou qui a formé le département de ce nom, mais comprendre encore toutes les familles qui, habitant les parties de la Bretagne et de l'Anjou situées en deçà de la Loire, appartiennent à la Vendée militaire; il ne faudrait pas séparer les noms de Bonchamps, l'Angevin, de Charette, le Nantais, de La Rochejaquelein, le Poitevin.

Cependant, pour ne pas trop étendre notre cadre, nous nous attacherons principalement au Bas-Poitou, qui se dessinait mieux comme un membre distinct de la province dont il faisait partie, mais non pas de telle sorte que nous ne cherchions des éclaircissements au rôle de ses gentilshommes, dans celui qu'ont joué leurs voisins et leurs amis, dans le reste du Poitou et les provinces limitrophes.

Ces aperçus embrasseront trois phases ou trois époques principales, auxquelles nous rattacherons ce que nous aurons à dire des temps intermédiaires : les guerres anglo-françaises, la réforme, et, avec la Révolution, l'émigration et le grand soulèvement vendéen.

Les situations, dans ces longues périodes d'années, apparaîtront plus d'une fois sous un jour délicat : lorsque le tableau s'assombrira par trop sur le théâtre où nous nous sommes principalement placé, nous nous sommes réservé de le tenir toujours assez vaste pour trouver ailleurs des compensations aux choses qui, prises isolément, nous pourraient affliger à l'excès.

— L'origine de la noblesse du Poitou, de l'Anjou, de la Bretagne se perd, comme celle de la noblesse française, en général, dans cette époque d'enfantement où naquit aussi la féodalité.

Dans le Bas-Poitou, aux confins de l'Océan, dans un pays presque partout d'un accès difficile, il est probable que l'invasion franque ne pénétra que faiblement ; et moins encore que dans le reste de la France, la distinction des classes, de même qu'en Bretagne, n'y dut pas être déterminée par des différences de nationalités.

Sous les comtes de Poitou se dessine presqu'aussitôt la grande figure des vicomtes de Thouars, et, après eux, celles de leurs plus puissants vassaux, les seigneurs de Parthenay, de Mauléon, de Bressuire, d'Argenton, de Montaigu, de la Roche-sur-Yon. L'histoire des vicomtes de Thouars, seigneurs de la presque totalité du Bas-Poitou, au milieu duquel ils firent souvent leur résidence, à la Chaise-le-Vicomte, est à peu près celle de la noblesse de la contrée. A leur suite, cette noblesse dut participer à la glorieuse expédition en Espagne du comte de Poitou, Guy Geffroy (Guillaume VII), qui, préludant aux Croisades, eut pour résultat la prise sur les Maures et la destruction de la ville de Balbastro, en 1062 ou 1063.

Peu après, Aimery IV concourut à la conquête de l'Angleterre, à la tête d'un corps de quatre mille hommes d'élite qui eut la principale part à la victoire d'Hastings, en enfonçant la tortue anglaise. Au nombre des maisons du Bas-Poitou qu'il suppose avoir fait partie de cette expédition, M. de la Fontenelle nomme celles d'Argenton, de Beaumont-Bressuire, de Montaigu, de Maynard, de La Haye, de Parthenay ([1]).

Ainsi se préparaient les liens qui rattachèrent trop longtemps, avec la maison de Thouars, une grande partie de la noblesse poitevine à la fortune des rois d'Angleterre.

La question se présenta, il faut en convenir, sous un aspect embarrassant : le comte d'Anjou, Henri Plantagenet, devenu roi d'Angleterre sous le nom de Henri II, comte de Poitou du chef d'Aliénor, sa femme, était, à ce titre, leur seigneur légitime. Le roi de France était le suzerain ; il représentait, en conséquence, le principe toujours subsistant de l'unité nationale, dont le germe devait si heureusement se développer, mais ses droits, mal définis, surtout vis-à-vis les arrière-vassaux, mettaient la noblesse dans cette position équivoque trop ordinaire en temps de crise, où il est plus difficile encore de connaître son devoir que de le faire.

Dans de semblables circonstances, que les vues d'agrandissement personnel ou d'indépendance, que la passion, que la fantaisie même trouvent dans les âmes un trop facile accès, il faut le voir avec plus de regret encore que de sévérité ; et quand il s'agit d'une époque de transition, sans trop s'arrêter à chacune des oscillations, il faut, pour la juger, attendre surtout son résultat final. Or, ce résultat devait être de faire de tout le Poitou et de sa noblesse quelque chose de bien profondément français.

Tant que la couronne des comtes de Poitou fut portée sans contestation par Henri Plantagenet et Richard Cœur-de-Lion, son fils, il ne semble pas que la question se soit présentée, pour les barons poitevins, sous aucune forme indécise entre la France et l'Angleterre ; le doute n'apparaît qu'au moment où Philippe-Auguste fait valoir ses droits de suzerain contre Jean-Sans-Terre.

En ce moment le problème se complique des prétentions rivales du jeune Arthur, le neveu de ce prince ; l'ordre de succession n'était pas

---

(1) *Revue Normande.* t. 1, p. 545. On a vivement contesté à M. de la Fontenelle que les Montaigu et les La Haye dont il s'agit, fussent ceux du Poitou. — *Revue Anglo-Française,* t. 11, p. 221.

encore déterminé avec la rigueur qu'on lui a reconnue depuis ; néanmoins, c'est sensible : si l'oncle a de son côté la force, le neveu a pour lui le sentiment de la justice. Nonobstant les préférences marquées d'Aliénor pour son fils, la désignation expresse qu'elle a faite de Jean pour lui succéder, on voit toutes les sympathies pencher du côté d'Arthur.

Jean, sur ces entrefaites, ravit au fils du sire de Lusignan la fiancée que celui-ci va épouser, et jette, par contre-coup, toute cette puissante maison dans le parti de son neveu. La plupart des autres barons poitevins entraînés par cet exemple n'hésitent plus ; pour soutenir les droits d'Arthur, ils s'allient ouvertement avec Philippe-Auguste.

Aliénor était renfermée dans le château de Mirebeau. Arthur et la noblesse du pays, les Lusignan, les Mauléon à sa tête, maitres de la ville l'y tenaient assiégée ; l'issue paraissait certaine ; trop de confiance les perdit.

Jean-Sans-Terre, prince habituellement mou et indolent, était capable, à l'occasion, d'un vigoureux coup de main. Il accourut de la Normandie, à marches forcées, et « les chevaliers les plus braves que la chrétienté ait jamais portés, » selon l'expression de Mathieu Pàris, « ces enfants du Poitou, plus propres aux combats que les guerriers d'aucune autre contrée, » au dire de Guillaume le Breton, furent surpris sans avoir eu le temps de se mettre en défense et tous faits prisonniers avec le malheureux Arthur (1).

On sait quel fut le sort de ce jeune prince intéressant. Sa mort acheva d'aliéner au tyran de l'Angleterre le cœur des Poitevins. Savary de Mauléon, le guerrier troubadour, était revenu à son parti, mais Guy de Thouars, duc de Bretagne, beau-père de la victime, et le vicomte Aimery, jusque là hésitants, se déclarèrent contre lui.

Les prétentions de ce dernier, qui essaya de se proclamer duc de l'Aquitaine du Nord, l'attachement que les Poitevins conservaient pour Aliénor, retardèrent, mais n'empêchèrent pas la réunion de la province à la France. A la mort de cette princesse, Philippe-Auguste

(1) *Mém. des Ant. de l'Ouest*, 1847, art. de M. Lecointre, p. 138.

n'eut qu'à se montrer : l'entraînement fût général et son passage un triomphe.

La suite nous fait voir cependant que ces rudes joûteurs ne se regardaient pas tous également comme définitivement rivés au sort de la France ; les vicomtes de Thouars, les sires de Parthenay et de Mauléon surtout, penchent toujours pour l'Angleterre. Les Lusignan lui reviennent, quand Isabelle d'Angoulème, veuve de Jean-Sans-Terre, est devenue la femme de celui qu'elle avait dû d'abord épouser.

Une grande partie des simples gentilshommes leur étaient attachés, et ne pouvaient que les imiter...., une grande partie, mais non pas tous, non pas même peut-être la majorité. Parmi les maisons dont l'histoire nous fait entrevoir le rôle dans ces temps reculés, nous n'apercevons, dans un rang qui suit de près les plus puissants barons, que les Chabot, — signalés par la part qu'avait prise, en 1176, Thibault, seigneur de Rocheservière, à la défaite des Routiers, — qui se présentent comme constamment attachés à leurs nouveaux engagements. Les grandes lignes des faits nous semblent cependant prouver que la plupart des autres seigneurs du pays n'eurent pas une autre conduite : trois Chasteigners, Thibault, seigneur du Breuil de Chalans, et ses deux fils, nous sont donnés comme ayant servi dans l'armée de saint Louis, lorsqu'il vint réduire les partisans du comte de la Marche, et l'on ne voit pas que ce prince ait éprouvé aucune résistance sérieuse dans le Bas-Poitou, à part celle de Geoffroi de Lusignan, qui y tenait, de sa mère, Eustache Chabot, les puissantes forteresses de Vouvant et de Mervent.

Alphonse, frère de saint Louis, devenu paisible possesseur du comté de Poitou, régla, en 1269, de concert avec les principaux seigneurs de la province, les droits de rachats dûs aux possesseurs de fiefs à chaque mutation de vassal. Avec le vicomte de Thouars, les sires de Lusignan et de Parthenay, le seigneur de Montaigu et de la Garnache, de la maison de Belleville, le seigneur de Rocheservière, de celle de Chabot, le seigneur de la Chateigneraye, de celle de Chateigners, un Châteaubriand, un La Haye, un Beaumont-Bressuire prirent part à cet arrangement pacifique (1).

(1) *Dom Fonteneau*, t. 26, p. 253 ; *Thibaudeau*, Ed. Robin, p. 315.

Aucun fait marquant en dehors de l'histoire générale ne vient donner de doute sur la situation paisible du Poitou, jusqu'à ce que la funeste bataille de Poitiers et le traité de Brétigny soient venus tout remettre en question.

Jusque là les Poitevins combattaient confondus dans les rangs de l'armée française : à Créey, comme à Poitiers, on trouve le sire de Parthenay parmi les braves qui se battirent jusqu'à la fin, et sans doute il n'y était pas seul.

L'impétuosité mal réglée de la chevalerie française, l'imperfection des plans d'attaque et des dispositions militaires furent, à n'en pas douter, les causes de ces désastreuses défaites. Avouons-le cependant, avouons-le en rougissant ; dans le mouvement qui à Poitiers entraîna les deux ailes loin du champ de bataille, il y eut un de ces moments indéfinissables, où, dans l'hésitation d'une partie mal engagée, le cœur manque à des hommes qui ont combattu bravement la veille et qui sans broncher se feront tuer le lendemain.

Ce qui nous console, c'est que dans le corps de bataille autour du roi Jean, étaient une foule de Poitevins, qui y trouvèrent une glorieuse mort. Nous avons nommé le sire de Parthenay ; parmi les noms appartenant au Bas-Poitou, nous sont encore connus ceux du sire d'Argenton, du seigneur de Rocheservière, qui était alors Yvon du Pont, de Jean des Herbiers, de Guillaume de Liniers. Jacques de Surgères, seigneur de la Flocelière, après y avoir vaillamment fait son devoir, échappa à la mort et fut jeté, par le traité de Brétigny, dans le parti des Anglais ([1]).

Ce déplorable traité mit le comble à la confusion ; la noblesse du Poitou se trouva encore une fois dans cette situation délicate de ne plus voir bien clairement à qui était due sa fidélité. Le roi de France n'avait pas le droit d'aliéner une partie quelconque de son royaume, ni de renoncer à aucun fragment de sa suzeraineté ; mais cette solution ne se présenta pas tout d'abord avec la netteté que les événements subséquents lui ont donnée à nos yeux. Quand le cœur le plus loyal

(1) *Revue littéraire de l'Ouest*, 1836, art. de M. Favre, p. 189. — Bouchet, *Annales d'Aquitaine*. — Bauchet-Filleau, *Dictionnaire des familles du Poitou*.

peut se trouver dans le cas d'hésiter, il ne faut pas être trop sévère pour ceux qui, dans l'obscurité du devoir, se laissent davantage entraîner par ces mobiles moins nobles qui ne sont jamais qu'assoupis dans le cœur de quelque homme que ce soit.

Cette situation dut faire revivre toutes les prétentions, toutes les habitudes d'un temps dont le souvenir n'était pas encore perdu. Les vicomtes de Thouars et les sires de Parthenay, qui étaient encore les plus puissants seigneurs du pays, pouvaient à la rigueur se croire dans leurs droits et agir selon leur devoir, lorsque, jusqu'à la conquête complète du Poitou par du Guesclin, ils combattirent pour les princes anglais. Nous insisterons cependant beaucoup moins sur la possibilité de leur désintéressement que sur la bonne foi des simples gentilshommes qui leur étaient attachés par le lien féodal ou qui avaient cru pouvoir prendre des engagements personnels vis-à-vis du souverain de fait. Avoir été un des principaux lieutenants du Prince-Noir, comme Maubruni de Liniers, comptera toujours comme une illustration et ne donnera jamais lieu à aucun soupçon de déloyauté.

Ici, cependant, nous ne croyons pas encore nous faire illusion en entrevoyant que, considérée en masse ou en majorité, la noblesse du Poitou prit le parti que nous voudrions qu'elle eût choisi et resta française par le cœur. Les rares documents qui nous apportent des noms, nous montrent dans les armées françaises plusieurs des seigneurs de Pouzauges, de la maison de Thouars (1) ; Gérard Chabot, sire de Rais ; Jean de Beaumont, seigneur de Bressuire, et Robin de la Haye, seigneur de Bournan, son confident et son ami ; les Rouault qui allaient bientôt passer un instant sur le siége vicomtal de Thouars.

Le Prince-Noir prépara lui-même les voies aux armes de du Guesclin par l'imprudente tentative qu'il fit d'établir un impôt onéreux et nouveau sur les *fouages*. Il convoqua une assemblée générale de la noblesse à Niort, pour obtenir son assentiment à cette mesure. La résistance qu'il rencontra ne partit point du Poitou, elle vint des seigneurs gascons qui firent un appel au suzerain, le roi de France. Il

---

(1) *Dict. des familles du Poitou.* — D'après M. Audé, Renaud de Thouars aurait été, en 1372, renfermé dans la ville de Thouars, lorsque du Guesclin en fit le siége, et n'aurait servi la France qu'après. — *Annuaire dép. de la Vendée*, 1855, p. 148.

semble que l'on devrait en tirer une induction fâcheuse pour les Poitevins; mais non, la chose s'explique, au contraire, en leur faveur, selon la pensée exprimée par M. Jérémie Babinet, dans les Mémoires de la Société des Antiquaires de l'Ouest (¹).

Beaucoup d'entre eux, à raison de leur résistance même, auraient été dépouillés de leurs fiefs; des Anglais en auraient été investis et auraient eu le droit de voter à leur place. Ce serait pour cette cause que le prince de Galles se serait mieux trouvé sur son terrain à Niort que dans la Guyenne, où n'ayant eu que des partisans, il n'aurait pas eu de prétexte pour introduire des créatures. En effet, ce qui arriva aurait répondu doublement à ses prévisions. Néanmoins, la puissance anglaise, encore une fois détruite par du Guesclin dans le Poitou, se conserva dans la Guyenne; ce qui prouve que là seulement elle avait ses racines.

Sur ces entrefaites, s'éteignit la maison de Thouars, et Clément Rouault, dit Tristan, tout dévoué à la France, devint, par son mariage avec Péronnelle de Thouars, seigneur de la puissante vicomté, qui passa bientôt par la maison d'Amboise à celle de la Trémouille.

La minorité de Charles VI, sa démence, la défaite d'Azincourt, les dissensions des Bourguignons et des Armagnacs, ne tardèrent pas à amener de nouvelles complications, dont le contre-coup ne pouvait manquer de se faire sentir dans notre province. Mais les situations ont changé : c'est dans le Poitou que Charles VII trouvera l'un des derniers point d'appui qui lui permettront d'attendre du ciel le secours que lui apportera Jeanne d'Arc.

N'étant encore que dauphin et régent du royaume, il avait eu cependant à combattre le dernier des sires de Parthenay et une brillante élite de gentilshommes, commandés par Guischard et Gilles d'Appelvoisin (²), qui s'étaient renfermés dans la ville. C'était dans un temps où l'on pouvait encore se faire illusion et prétendre servir le roi de France, tout en suivant le parti du duc de Bourgogne. Cette campagne se termina, en effet, par un traité où tous les partis convinrent

(1) *Mém. des Antiq. de l'Ouest*, 1837, p. 285.
(2) *Mém. des Antiq. de l'Ouest*, 1835, art. de M. de la Fontenelle, p. 165.

de se réunir contre les Anglais ; le régent leva le siége de Parthenay, mais il en nomma le gouverneur, et la possession de cette place, vendue à son grand-oncle le duc de Berry, lui fut assurée avec toute l'importante succession des Parthenay-l'Archevêque. Il put dans la suite en disposer pour récompenser les services du connétable de Richemond, puis de son fidèle Dunois. Nous retrouvons Guischard d'Appelvoisin, combattant à Verneuil, sous les drapeaux de la France ; et parmi les braves toujours fidèles qui contribuèrent le plus à chasser les Anglais du royaume, le Bas-Poitou s'enorgueillit de compter Jean Rouault, le père de l'illustre maréchal Joachim (¹).

Les temps féodaux proprement dits arrivés à leur terme, les grandes existences de ces seigneurs qui jouent le rôle de princes indépendants ne furent plus possibles ; jusqu'aux guerres de religion, la noblesse du Bas-Poitou, prise en corps, ne fit plus aucun bruit ; elle s'armait quand elle était convoquée pour les bans ; elle fournissait des hommes d'armes aux armées de nos rois, ou vivait tranquille dans ses terres, aimée du paysan avec lequel s'établissent ces rapports de bienveillance réciproque qui furent si frappants dans les guerres de la Vendée.

La chronique du Langon nous en donne un exemple. Le bon Antoine Bernard raconte comment « très-vertueux et très-noble personnage René Mesnard et dame Bernard du Puy-Giraud, seigneurs du Langon, de Longèves, de la Jaudonnière, du Puy-Belliard et de Toucheprès, » encourageaient leurs vassaux à résister aux prétentions injustes de leurs sergents, leur parlaient amicalement et doucement.

— Si quelqu'un commettait quelque faute, ils l'en reprenaient avec la même douceur ; d'un autre côté, les habitants de la paroisse portaient à ces bons seigneurs leurs plus beaux poulets ; ils les offraient de bon cœur et sans pensée d'intérêt, et cependant ils étaient toujours bien payés (²). Ce sont, enfin, absolument ces mêmes mœurs de famille que, dans notre Bocage, nous voyons encore régner entre les maitres et les fermiers.

---

(1) *Ann. départ. de la Vendée*, 1855. *Études hist. et adm.*, par M. Audé, p. 179.
(2) *Chroniques fontenaisiennes*, p. 34.

Ces temps paisibles ne furent pas sans gloire. Louis de la Trémouille à son grand nom, rival de Bayard, ajoute le titre de *chevalier sans peur et sans reproche*; les du Puy-du-Fou se distinguent dans les guerres d'Italie et y gagnent le titre de ducs; les Gouffier jouent un rôle prépondérant; les Chabot, quoiqu'ils aient quitté le pays, les Vivonne, qui y sont devenus seigneurs de la Chataigneraye et des Essarts, ne peuvent y être traités d'étrangers; et le brillant la Roche-du-Maine, voyant son nom près de s'éteindre, y trouvait nos Appel-voisins dignes de le porter. Un des caractères de ce temps-là, c'est que l'existence des grands seigneurs se détache de plus en plus de celle de la noblesse de province, et lorsque vont venir les guerres de religion, lorsque viendront les guerres de la Vendée, de simples gentilshommes joueront le rôle attribué autrefois aux plus puissants barons.

II.

L'hérésie de Luther et de Calvin porta de terribles coups à la France; la France s'en releva, mais après quelle effusion de sang et sur quelles ruines! La partie de notre province qui devait rendre si glorieux le nom de Vendée, eut tout particulièrement à souffrir de ces temps désastreux, et, il nous est douloureux de l'avouer, ce fut dans la noblesse que les idées nouvelles trouvèrent alors leur principal appui.

Si cette faute avait été d'une gravité qui ne souffrit pas d'atténuation, nous l'avouerions avec plus de douleur, mais nous l'avouerions. Dans notre conviction, fondée sur l'étude attentive des caractères et des faits, cet entraînement, malheureux et coupable à tant de titres, n'eut cependant pas le degré de culpabilité qu'il eut ailleurs de la part de beaucoup d'autres, et telle est, nous le pensons, la raison pour laquelle l'hérésie n'a fait que passer chez nous, comme une flamme dévorante, et n'est pas parvenue à y prendre racine.

L'on ne sait pas assez jusqu'à quelle profondeur peuvent se cacher les différences qui distinguent le mal et le mal : l'orgueil du sectaire, l'avidité du spoliateur, la corruption du cœur poussée jusqu'à la dépravation, c'est là ce qui creuse ces sillons, profonds comme des abimes, qui enfouissent dans l'erreur des peuples entiers, de longues suites de générations.

Combien d'hommes, plus ou moins ignorants, faibles ou légers, qui, engagés dans les mêmes voies, sont au contraire plus à plaindre qu'à blâmer, entrainés qu'ils ont été en grande partie par la haine d'un mal qu'on leur a spécieusement montré comme étant dans l'Église, bien qu'il n'y fut jamais.

Pris dans leur ensemble, les mobiles qui entrainèrent dans des luttes funestes ou nos pères ou les pères de nos amis, ne nous paraitraient mériter ni autant d'indulgence, ni une aussi rigoureuse réprobation.

Il n'y a pas, dans le caractère vendéen, de trait plus saillant que celui de l'indépendance.

L'indépendance, suivant la direction qu'elle prend ou l'usage que l'on en fait, devient un défaut grave ou une rare qualité. Comme le courage, auquel elle s'allie facilement, elle a besoin d'une forte discipline, et l'un et l'autre, s'ils s'égarent sans mesure et sans frein, n'enfantent que le désordre et la ruine.

Depuis qu'il était homme d'armes dans les troupes régulières et qu'il n'avait de combats que sur des frontières éloignées, le gentilhomme, dans la paix souvent monotone de son foyer, se berçait volontiers au souvenir de ces temps où chacun valait par sa valeur personnelle ; il les colorait sous le charme d'un prisme trompeur, il s'y faisait un rôle qu'il n'y aurait point eu, il rêvait indépendance.

Seigneur honoré et influent dans la paroisse, son influence n'y régnait pas seule ; il en était une autre qui prenait sa source plus haut et pénétrait plus avant. Unie à la sienne dans les bons jours, destinée à devenir son plus puissant soutien, son alliée fidèle dans les plus mauvais, l'influence du presbytère se présentait souvent comme une rivale dans l'habitude de la vie, et d'autant plus que la foi de part et d'autre allait s'affaiblissant.

Le nom de *réforme* se fit entendre. Les passions n'ont jamais plus de force que lorsqu'elles parviennent à revêtir les apparences et les noms du devoir. Sous couleur d'une religion plus pure, d'un zèle évangélique, on trouva commode de satisfaire ses rêves d'indépendance, de guerroyer à son aise et de s'affranchir du frein de l'Église.

Avec des noms propres, nous achèverons de nous expliquer autant qu'il nous est possible dans les limites que nous nous sommes tracées. La petite cour de Ferrare eut une grande part, comme l'a très-bien démontré dans cette Revue notre ami M. Alfred de Chateigner, à l'introduction du protestantisme dans nos contrées. Jean de Parthenay, seigneur de Soubise, alla l'y puiser, et s'il en est à Mouchamp un foyer encore subsistant, il est permis de lui en faire porter la responsabilité.

Il paraît que les du Bouchet puisèrent à la même source. Intrépides soldats, hardis capitaines, ils auraient mérité d'entourer leur nom mourant d'une gloire plus pure. Le vieux Tanneguy, seigneur de Saint-Cyr en Talmondais, sauva à Moncontour, par une charge faite dans un moment désespéré, une partie de l'armée protestante ; et Lancelot, le terrible Sainte-Gemme, avant de devenir l'ennemi acharné du duc de Guise, avait mérité à Saint-Quentin de recevoir son accolade.

Nous ne voyons point que la partie de la plaine où ils ont dominé soit signalée par aucune agglomération de protestants, mais n'ont-ils pas contribué à la *décatholiciser ?* ou bien serait-ce parce qu'elle aurait été déjà peu catholique qu'elle ne serait pas devenue protestante ? Comme aux mauvaises herbes, il faut à l'hérésie, pour qu'elle puisse se propager, des terres qui aient du fonds, mais avec une mauvaise culture.

Qui nous semble encore avoir eu une influence malheureuse, sinon sur les populations, au moins sur beaucoup de gentilshommes des meilleurs parties du Bocage, c'est Jean de Machecoult, seigneur de Vieillevigne.

L'incendie s'alluma aussi avec force dans l'étendue du pays compris entre Pouzauges, Mouilleron et Saint-Prouant, où les protestants sont restés nombreux jusqu'à nos jours. Au moment de la crise nous voyons beaucoup de noms y prendre part, mais aucun ne s'élève manifestement au-dessus des autres.

Il n'entre point dans notre plan de faire le récit, même abrégé, des luttes qui ensanglantèrent le Bas-Poitou, mais seulement d'en définir le caractère et les phases. Par les causes que nous avons essayé d'apprécier, et des points que nous avons essayé de déterminer, l'incendie gagna bientôt tout notre malheureux pays. La plupart des églises furent pillées, ruinées, ou tout au moins le culte y fut suspendu. Quelle part la noblesse protestante prit-elle à ces dévastations, qui préludèrent à la guerre plutôt encore qu'elles n'en furent les suites? c'est là le côté le plus triste, à coup sûr, de ces tristes moments.

Un témoin contemporain et non suspect, le Chroniqueur du Langon, nous apprend que les églises de Pouillé, de Petosse, de Bourneau, furent pillées et brûlées par une bande de neuf ou dix bandits seulement (¹). Nous aimons à croire que la plupart des exploits de ce genre ne furent ainsi directement le fait que d'un petit nombre de coupables, presque tous de bas étage; nous disons presque tous, car les monuments authentiques témoignent malheureusement qu'il y en eut de plus haut placés. Quand les passions sont déchaînées et la voie mauvaise, où ne peut-on pas aller? Nous disons directement, car les chefs et tout le parti étaient responsables de ces excès qu'ils ne cherchaient pas assez à empêcher, qu'ils provoquèrent quelquefois; et alors nous ne leur trouvons d'excuse que dans l'entraînement même de la pente où ils s'étaient jetés.

Parmi les malheurs d'une guerre civile, les batailles sont les moindres de tous. Quand de part et d'autre on a croisé le fer loyalement, on est bien près de s'estimer, et les adversaires de la veille furent souvent les frères d'armes du lendemain. Jusqu'au jour du combat dans les temps de troubles, c'est la lie qui monte; mais faut-il payer de sa personne, dans tous les partis ce sont les plus nobles cœurs qui montent et qui surnagent, et la lie qui descend. Ce travail se fait souvent dans le sein d'un même homme; s'il s'est bien battu, il se sent fier de valoir mieux par quelque côté qu'il ne valait auparavant, et il n'est pas rare que la réaction opérant en lui son effet, il ne devienne réellement meilleur en tous points.

(1) *Chron. fonten*, p. 108.

Une fois la partie engagée, les protestants purent se croire liés d'honneur à leur drapeau, comme les catholiques l'étaient au leur, et de part et d'autre l'on put rencontrer des qualités véritablement chevaleresques. Il y en avait assurément parmi les compagnons d'armes du brave La Noue. Quoiqu'il tienne plus du sectaire, du Plessis-Mornay n'était pas, tant s'en faut, dépourvu de nobles et généreux sentiments ; ces deux noms n'étaient pas du pays, mais ils y ont tenu une si grande place qu'on ne peut douter que leurs caractères n'y aient laissé de profondes empreintes. Jacques des Nouhes, le gendre de Mornay, était tenu par tous pour un parfait honnête homme ; la réputation de loyauté de Pierre de Chouppes s'était répandue au loin, et parmi les hommes qui se trouvaient engagés dans le parti, plus par circonstance que par un choix bien délibéré, les lecteurs de cette Revue ont appris à connaitre La Popelinière et à l'apprécier dans un travail que nous aimons à citer. — Ce sont là des types qui ne pouvaient manquer d'être signalés ; le renom militaire des principaux chefs ne fut atteint d'aucune de ces taches que l'on s'efforce ensuite de dissimuler ; il n'est point aujourd'hui de famille si catholique qu'elle soit qui, tout en gémissant d'avoir à les compter parmi les champions de l'hérésie, ne se fît un titre d'honneur de porter, par exemple, les noms de Claveau de Puyviault ou d'Échallard de la Boulaye.

Quoi que nous puissions dire à sa décharge, quelque gloire qu'elle ait pu acquérir par les armes, la noblesse protestante avait gravement dévié et les conséquences de la position qu'elle avait prise n'avaient pas produits leurs fruits les plus amers, lorsque Dieu vint providentiellement à son secours pour la tirer d'une situation désastreuse.

Ce fut un jour singulièrement heureux pour elle que celui où son chef se trouva l'héritier légitime du trône de saint Louis, et où, en continuant de marcher sous ses ordres au lieu de tenir le drapeau de la révolte, elle se trouva suivre la bannière de la fidélité.

La fidélité et l'indépendance sont deux sentiments qui s'allient bien ensemble, ou plutôt il n'y a pas de fidélité possible, de cette fidélité qui résiste aux épreuves, là où vous ne rencontrez pas ce que l'indépendance a de juste et de noble.

Henri IV était encore dans une position assez précaire pour qu'il y eût plus de dévouement à le servir que de faveur à attendre de lui, lorsque les deux armées catholique et protestante qui se combattaient en Bas-Poitou n'en firent plus qu'une seule qui fut royaliste.

Sauf quelques exceptions, en effet, tous les partis s'y trouvèrent réunis sur le terrain de la fidélité monarchique; les ligueurs furent rares parmi les gentilshommes catholiques; nous le remarquons sans vouloir leur faire leur procès, car eux aussi avaient bien leur fidélité, lorsqu'animés d'un vrai zèle pour la foi, ils voulaient pour roi le petit-fils de saint Louis, mais le voulaient catholique, conformément aux principes de l'ancienne constitution française.

Pour mettre tous les bons Français d'accord, il fallait que le roi se convertît à la foi de ses pères; il le fit : la paix et la prospérité revinrent.

En ce moment, si le protestantisme eût été dans le cœur de notre noblesse autre chose qu'une fièvre accidentelle, elle se fût retournée contre le prince pour qui elle venait de combattre; mais non, l'accès est passé, les passions se calment, la convalescence sera plus ou moins longue, mais ce n'est plus qu'une convalescence.

On verra quelques mécontents, des mauvaises têtes, des hommes plus lents que les autres à sortir d'un état de surexcitation; ils fourniront, sans grande conséquence, quelques soldats aux fauteurs de troubles, pendant les minorités de Louis XIII et de Louis XIV. Lors de la fronde, les noms de Gabriel de Châteaubriand à la tête dans notre pays du parti de la cour, de Maximilien Échallard, à la tête du parti contraire, disent assez que les souvenirs d'une époque plus sanglante ne furent pas étrangers à ces nouveaux désordres.

L'esprit d'indépendance se manifesta quelque temps après, plus facilement par ses mauvais côtés, la turbulence, l'indiscipline, l'insubordination; la statistique le constatera; mais il ne faut pas trop généraliser des fautes particulières : à côté du rapport du commissaire du roi, Colbert de Croissy, qui tend, comme tous les rapports de police, à voir en mal [1], nous avons sous les yeux une relation de l'expédition de Cognac, à laquelle le Bas-Poitou avait fourni son contingent :

[1] Mémoire concernant l'état du Poitou, Fontenay, 1852.

l'affection et la diligence que les gentilshommes poitevins ont fait paraître pour le service du roi y sont particulièrement louées. Le duc de Rouannais, leur gouverneur, qui les commandait « a fait avec eux » des merveilles, » est-il dit. Un mot est ajouté en l'honneur du seigneur de Bessay, qui remplissait près du comte d'Harcourt, le général en chef, les fonctions de maréchal de camp (1).

Beaucoup de familles, cependant, attachées par point d'honneur au parti religieux qu'elles avaient embrassé, étaient restées protestantes jusqu'à la Révocation de l'édit de Nantes.

Nous n'entendons ni approuver, ni juger les moyens qui furent pris pour faire réussir cette mesure d'un caractère tout politique ; nous nous bornons à constater qu'elle eut pour résultat de faire rentrer dans le sein de l'Église presque tout ce qui restait dans le Bas-Poitou de gentilshommes encore retenus dans les liens de la prétendue réforme.

Réunis au nombre de deux cents auprès de Luçon, ils s'étaient promis de résister. Rentrés dans la paix de leurs familles et le calme de leur conscience, ils cédèrent, et nous ne saurions les en blâmer ; leur résistance n'eût été qu'obstination. En y réfléchissant ils durent se le dire, le véritable honneur ne saurait consister à faire autre chose que son devoir. En redevenant catholiques, leurs familles le furent si bien, qu'il n'y eut bientôt plus de possibilité de les distinguer de celles qui, dans notre pays si chrétien, n'avaient pas cessé de l'être.

III.

Nous avons voulu essayer de nous rendre compte de la proportion dans laquelle la noblesse du Bas-Poitou et des parties limitrophes des provinces voisines avait été envahie par le protestantisme. Cette étude

---

(1) *Relation véritable de ce qui s'est passé à la levée du siége de Cognac.* Paris, 1651, br. in-4°, p. 11.

souffre des difficultés, la plupart des noms qui nous sont parvenus étant des noms de terres répétés en plusieurs localités, portés successivement par des familles différentes ; le plus souvent on ne sait même pas si tel personnage, désigné dans les Chroniques, n'est pas un étranger venu d'une province éloignée. En nous basant toutefois sur les noms que nous avons pu réussir à reconnaître et à grouper de part et d'autre, nous avons cru pouvoir légitimement arriver aux conclusions suivantes : — La Vendée militaire et la portion du Bas-Poitou où se propagea le protestantisme ne doivent pas être confondus, leur terrain fut en partie commun, mais il ne le fut qu'en partie et les centres furent tout à fait différents. Là même où l'hérésie fut le plus contagieuse, elle ne gagna pas sans exception toute la noblesse, les exceptions se multiplièrent, nous le soupçonnons, à mesure que l'on entre dans le Bocage, dans les meilleures parties du Bocage ; et lorsqu'on arrive à ce qui fut le cœur de l'insurrection vendéenne et que l'on avance encore, soit du côté de l'Anjou, soit du côté du Haut-Poitou, au delà de la Châteigneraye, de Saint-Michel-Mont-Mercure et des Herbiers, la majorité des gentilshommes nous semble manifestement être restée catholique.

En deçà de ces limites habitaient deux des principaux chefs catholiques, Philippe de Châteaubriand, seigneur des Roches Bariteaux, qui, toujours ardent dans la même voie, se jeta dans la Ligue, et Charles Rouault du Landreau, seigneur de Bournezeau, qui, un instant protestant, fut ramené au catholicisme par Nicolas Rapin [1].

Ce n'était pas assurément sans être suivis par beaucoup de parents et d'amis que des hommes de cette importance embrassaient un parti. Pierre Brisson, seigneur du Palais, raconte, dans sa Chronique, que si un des protestants apprenait qu'un gentilhomme catholique leur voisin mît de l'argent en chevaux et en armes et se tînt sur ses gardes, il allait le visiter pour sonder ses projets et ceux du roi [2]. Les hommes des deux partis étaient donc entremêlés.

Dans un autre passage, après avoir rapporté la manière de combattre des protestants, qui réussissaient mieux en partisans qu'en

(1) *Recherches historiques sur Fontenay*, B. Fillon, p. 133.
(2) *Chron. fonten.*, p. 231.

bataille rangée, il ajoute cependant qu'ils avaient, près de Luçon, défait Puy-Gaillard (¹). Un gentilhomme protestant s'en vantait; un gentilhomme catholique lui repliqua, en présence même du chroniqueur, qu'il imitait les petits enfants qui se glorifiaient d'avoir quelquefois battu leurs maîtres (²).

La Chronique des trois Henri dit qu'à la bataille de Coutras, il y avait beaucoup de gentilshommes du Poitou dans les deux armées (³).

La même Chronique nous apprend que l'armée royale, en 1588, marcha sur Mauléon et de Mauléon sur Montaigu, pour en faire le siège à la sollicitation des gentilshommes catholiques de l'Anjou et du Bas-Poitou qui avaient beaucoup à souffrir de la garnison de cette place. Dans cette armée, outre les compagnies des Roches Bariteaux et de Bournezeau, il y en avait au moins deux autres commandées par des gentilshommes du pays, la Boucherie et la Roche Saint-André (⁴).

René Girard, seigneur de la Roussière, un autre des principaux lieutenants du comte du Lude, gouverneur du Poitou, dont il avait épousé la nièce, avait son château à quelque distance de Coulonges-les-Royaux, sur les limites du Bocage et du pays que nous avons assigné à la prépondérance catholique. Sur ces mêmes limites, ou tout à fait en deçà, et disputant le terrain au protestantisme, nous pouvons citer comme ayant figuré dans les armées catholiques, les Barlot du Chatelier Barlot, les Appelvoisin, connus sous les noms de Bodinatière et de Brebaudet, un Bigot de la Menardière, un d'Asnières, un Rouault de la Rousselière, un Audayer, Gislebert Chasteigner, seigneur de Réaumur et Jean des Herbiers de l'Étanduère, deux des défenseurs de Poitiers en 1569, un Jaillard de la Maronière, un Durcot, un Régnon, un du Plantis, de la famille qui suivit les Rouault et précéda les Jousbert dans la terre du Landreau.

En allant un peu plus avant, nous trouvons les du Puy-du-Fou, les Jousseaume du Courboureau, dont l'un, François, seigneur du Colombier, était capitaine d'une compagnie catholique, tandis que Jean était prêtre et Christophe, chevalier de Malte.

---

(1) Jean de Léaumont, gouverneur d'Anjou.
(2) *Chron. fonten.*, p. 301.
(3) *Chron. fonten.*, p 421.
(4) *Chron. fonten.*, p. 435 et 437.

Dans le pays où se recruta deux cents ans plus tard l'armée de Lescure et de la Rochejaquelein, nous voyons, il est vrai, les Sauvestre, seigneurs de Clisson et les Échallard, seigneurs de la Boulaye, dans le parti protestant ; mais l'aïeul des la Rochejaquelein lui-même, mais Vignerot de Pont-Courlay, son frère utérin, mais les Rorthais, qui les précèdent à la Durbelière, sont catholiques. Les grands seigneurs du pays, ceux qui y exercent la plus grande influence, le sont également : le maréchal de Cossé-Brissac, comte de Secondigny, Claude de Maillé-Brézé, seigneur de la Flocellière et de Cerisay, qui, à Coutras, portait la bannière du duc de Joyeuse et y fut tué, les Gouffier, ducs de Rouannais, seigneur d'Oiron. Louis de La Trémouille, duc de Thouars, était zélé pour la même cause, et ce n'est qu'après sa mort, par suite de l'alliance de Charlotte de la Trémouille, sa fille, avec le prince de Condé que Claude, son fils, embrassa le parti de ce prince, par des circonstances complétement étrangères au pays.

Parmi les catholiques, on rencontre encore un de Chouppes, les Bodet de la Fenestre, les Tusseau, les Liniers d'Amaillou, les Petit de la Guierche et Saint-Amand, les d'Escoubleau, tous habitants, dans le Poitou, cette même partie de la Vendée militaire ; et sur les confins de l'Anjou qui se confondent avec elle, les Chevalier de Villefort, dont l'un, Philippe, commandait pour le roi les châteaux de Saint-Loup et de Noirmoutier, et l'autre, Jean, allait prendre et perpétuer le nom de Grimouard sur le point de s'éteindre en la personne de son oncle, vicaire-général de Maillezais ; les Hector de Tirpoil, qui demandaient l'érection d'une chapelle dans la dépendance de leur château, c'est-à-dire à peu près toutes les familles dont nous avons pu connaître le rôle d'après les Chroniques ou les documents originaux ([1]).

Nous avons consulté la liste des chevaliers de Malte, donnée à la fin de l'histoire de Vertot ; elle nous a conduit au même résultat. Parmi

---

(1) *Dict. des familles du Poitou* ; Thibaudeau, *Hist. du Poitou ; Chronique du Langon ; Chronique de Pierre Brisson ;* Fillon, *Recherches historiques sur Fontenay,* etc., etc. Les *Études historiques et archéologiques* de M. Audé n'ayant encore porté que sur l'un des cantons le plus complétement envahis par le protestantisme, elles ne nous ont fait connaître presque uniquement que des noms protestants.

les membres des familles que nous venons de signaler, nous retrouvons, de 1560 à 1600, comme appartenant aux diocèses de Luçon et de Maillezais, un du Puy-du-Fou, un Jousseaume, trois Appelvoisin, deux Liniers d'Amaillou, deux Gouffier de Boissy, un Maillé de Brézé; et parmi les autres familles que nous jugeons, en conséquence, être au moins restées en partie également fidèles à la foi catholique, un Robert de Lézardière, un Poitevin du Plessis-Landry, un Beaumont des Dorides, un de Granges-Montfermier, trois Viault de Buygonnet, un Grignon, deux Goulard de la Geffardière, un Petit de Salvert, un Foucrand de la Noue, un Suyrot, un Chenu du Bas-Plessis.

Poursuivant cette étude au delà de 1609 jusqu'à 1640, aux noms de Barlot, de Poitevin, de Foucrand, de Duvergier de La Rochejaquelein, des Herbiers, de du Plantis, de de Chouppes, qui nous sont acquis, il est vraisemblable que nous aurions le droit d'ajouter ceux d'un Masson de la Noue et d'un Dorin de Ligné, reçus en 1601, d'un Bruneau de la Rabatelière, reçus en 1611, et de deux Mauras de Chassenon, en 1617 et 1718, comme devant avoir la même signification. Ce n'est que bien postérieurement que commencent à reparaître dans les registres de l'Ordre les noms manifestement connus pour avoir appartenu au protestantisme.

Il était dans le Bas-Poitou un autre élément profondément catholique, dont nous devons parler, car, dans le moment même de la crise, il apportait à la noblesse d'importantes recrues; nous voulons parler de ces familles d'ancienne bourgeoisie, comme il y en avait beaucoup, à Fontenay surtout, qui, honorées par les charges municipales, soutenues par les professions libérales, consolidées par l'acquisition de la propriété foncière et des fiefs, élevées par la magistrature et le culte des lettres (¹), lorsqu'elles entraient dans la noblesse, y entraient pour ainsi dire de plain-pied.

Plusieurs de ces familles avaient eu des branches anoblies dès le siècle précédent; les conseillers aux parlements de Paris et des provinces n'y étaient pas rares. Le protestantisme en entama sans doute

(1) Fontenay venait de donner aux sciences ou aux lettres André Tiraqueau, François Viète, Barnabé Brisson, Henri de Sallenove; il leur donna bientôt après Robert de Sallenove, Besly, les Collardeau, etc.

quelques-unes, mais ce fut l'exception, et beaucoup, comme Nicolas-Rapin, à la fois poète, magistrat et guerrier, comme les Tiraqueau, les Gallier de Guignefolle, les Brisson, qui fournirent des défenseurs à Poitiers, firent de leur noblesse aussitôt acquise une noblesse militaire en combattant pour la foi des anciens chevaliers.

Depuis même, pour quelques-unes des branches de ces familles qui n'étaient pas expressément entrées dans l'ordre de la noblesse, les services dans les corps nobles de la maison du roi, et la croix de chevalier de Saint-Louis, devinrent des distinctions habituelles.

Attachée au sol, peu ambitieuse, ces distinctions et ces services furent à peu près ceux dont se contenta la noblesse la plus ancienne, une fois rentrée dans le calme d'un état social bien réglé.

Le service du ban et de l'arrière-ban, le seul auquel elle fut strictement astreinte, n'eut guère d'autre objet que de préserver nos côtes des descentes des Anglais ; mais il était peu de jeune gentilhomme de famille passablement posé, qui ne servit au moins pendant quelque temps, ou dans les corps dont nous venons de parler, ou comme officier en quelque régiment ; les aînés ordinairement dans la cavalerie, les cadets dans l'infanterie. Après quelques campagnes, les premiers revenaient, se mariaient et vivaient honorablement dans leurs terres, en bonne amitié avec leurs voisins, en rapport d'intime bienveillance avec leurs vassaux ; les seconds persévéraient plus longtemps, quoique sans grande perspective d'avancement ; le grade de capitaine et la croix de saint Louis étaient le plus ordinairement le dernier terme d'une vie passée avec plus d'honneur que d'éclat.

Il ne faut donc pas nous demander un grand nombre d'illustrations du premier ordre ; elles sont d'ailleurs rares partout ; nous pouvons parler cependant, comme tenant à notre noblesse, au moins par leurs possessions ou leur origine, des maréchaux de la Meilleraye, de Clérambault, de Richelieu. Si l'on veut, du reste, que les Vignerot, en devenant grands seigneurs, aient cessé d'être Bas-Poitevins, nous ne regretterons que faiblement de ne pas partager la gloire militaire du vainqueur de Port-Mahon, à la condition d'être déchargés de toute solidarité avec ses autres titres à la célébrité.

La parenté du cardinal de Richelieu avait valu à François Vignerot de Pontcourlay, son aïeul, le titre de général des galères. Parmi les autres officiers généraux fournis par la noblesse du Bas-Poitou, nous connaissons Charles et François d'Escoubleau, en 1633 et 1682, Louis et François de Bessay, en 1652 et 1662, Louis Jousseaume du Courboureau, en 1657, Louis et Charles de Granges de Surgères, en 1708 et 1745, Charles Tiercelin d'Appelvoisin, en 1780, Gilbert Rortays de Marmande, en 1788 ([1]). Il ne serait pas difficile, sans doute, d'étendre cette liste, mais c'est surtout dans la marine, à l'exemple de leurs voisins et de leurs amis les Bretons, que nos gentilshommes se distinguèrent davantage. Henri d'Escoubleau, archevêque de Bordeaux, par la date, se range en première ligne parmi les plus illustres marins de la France. Lorsque Louis XIV disputa à l'Angleterre l'empire des mers, dans des luttes vraiment héroïques, les noms encore de d'Escoubleau, de Jousseaume de la Bretêche, de de Granges, et ceux de la Roche-Saint-André, de la Haye-Montbault, des Herbiers-l'Etanduère, figurent parmi les intrépides commandants de ses vaisseaux.

Sous Louis XV, lorsque nous paraissons tout à fait céder à la prépondérance maritime de nos voisins, c'est un autre l'Etanduère qui rappelle à la marine française ses gloires passées et lui en fait présager de nouvelles ; c'est un du Chaffault qui soutient encore avec honneur son pavillon.

Louis XVI le relève. Au premier rang des officiers qui le secondèrent le mieux, nous trouvons les noms de Buor, de Bessay, de Chabot du Parc, de Liniers, de des Touches, de Grelier, et, au moment où la Révolution va laisser le champ libre à notre éternelle rivale, parmi les braves qui se sont acquis le plus d'honneur dans la dernière guerre, c'est un Bas-Poitevin que Monge, ministre de la marine, eût opposé aux Anglais en lui donnant le commandement de la flotte de Brest avec le grade de vice-amiral, si, entre la Révolution et le chevalier de Grimouard il ne se fût trouvé de trop mortelles antipathies.

Combien d'autres, qu'il ne nous serait pas pardonnable de passer sous silence, si nous avions prétendu faire une énumération complète

[1] *Dict. des familles du Poitou.*

et prolonger nos études au delà de ce qui était nécessaire pour apercevoir la vérité dans son ensemble et en donner une idée générale.

IV.

La Révolution arrive comme un torrent, dont la Réforme avait fait
présager les entrainements ; elle arrive comme châtiment, comme
épreuve, comme épuration.

Sans être aussi profondément travaillés par les idées nouvelles que
la noblesse de cour, les gentilshommes de nos provinces n'avaient pas
été complétement à l'abri des atteintes de la philosophie irreligieuse.
Quelques-uns, sans témoigner aucun doute en matière de religion,
se donnaient volontiers pour partisans de certaines théories réforma-
trices, illusion d'un caractère généreux, ou calculs d'un esprit qui
voulait le paraitre : en général, cependant, elles étaient peu goûtées ;
le plus grand nombre y opposait son bon sens et pressentait que, si
acceptables et si spécieuses qu'elles parussent, à certains égards,
il deviendrait impossible de rien réaliser de bon avec l'impétuosité
d'une impulsion qui, sous prétexte de réformer, ne tendait qu'à détruire.

Pour s'être trouvé exposé à cette contagion, il avait même fallu,
par des habitudes et des relations personnelles, être sorti du milieu
local où le danger était, il faut le dire, de tout autre nature.

La culture des lettres et des sciences pénétrait dans notre Bocage :
Mlle de Lézardière et ses éminents travaux sont là pour l'attester ;
mais souvent elle y était trop négligée, et quand le service militaire
ne s'était pas assez prolongé, quand les passions faisaient taire la voix
de la religion, si haut qu'elle parlât, au milieu d'un peuple profondément catholique ; au milieu des excitations d'une vie où la chasse, ce
noble délassement, prenait une place exagérée ; dans ce sans-gêne
d'une familiarité qui, régnant entre voisins, n'était pas assez contenue
avec les subalternes, on était exposé à laisser avilir la noblesse de son

âme jusqu'à des goûts dont la sensualité n'avait pas même toujours le mérite d'être raffinée.

La catastrophe arriva : tout le monde fit son devoir, les utopistes à moitié philosophes, aussi bien que les habitants de certaines demeures dont la réputation répondait mal à la noblesse.

On a voulu faire une arme contre la cause pour laquelle combattit la Vendée, des antécédents de quelques-uns de ses défenseurs : cette cause, on devenait meilleur en la servant, c'est ce qu'il serait plus juste de reconnaître ; puis, il est certaines natures énergiques qui, dans l'oisiveté, se consument en folies coupables, et qui se relèvent et se retrempent, quand un digne objet est offert à leur activité.

La noblesse était surtout un grand corps armé pour la défense des institutions sociales, qui se confondaient alors avec les institutions monarchiques ; quel que soit le jugement que l'on porte sur ces institutions elles-mêmes, on ne peut disconvenir qu'en se levant pour les défendre, la noblesse ne faisait qu'obéir à sa consigne.

Tant qu'il avait été question de réformes, d'innovations, de modifications plus ou moins profondes, qu'il avait été possible ou de fermer les yeux ou de s'y méprendre, les avis avaient pu être partagés en des directions très-diverses ; les sacrifices personnels avaient pu être poussés jusqu'aux dernières limites d'abnégation, d'étourdissement, de faiblesse, ou de cette ostentation, appelée depuis libérale, par laquelle on convoite la popularité. Mais lorsqu'il fut patent que l'on en voulait à la royauté même, à l'ordre social même ; lorsqu'ils furent l'un et l'autre directement menacés, atteints, renversés, il n'y eut plus d'équivoque, et, à défaut de tout autre sentiment, l'honneur militaire, l'honneur du drapeau, l'esprit de corps, le devoir attaché au droit de porter l'épée, devaient faire qu'il n'y eût dans la noblesse qu'une seule pensée, celle de tirer cette épée pour le Roi, sur ses ordres ou sans ses ordres, et, le Roi mort, encore pour le Roi, car le Roi ne devait pas mourir en France. Pour le Roi, car il était la clef de la voûte, la clef qui, venant à manquer, pouvait tout entraîner, religion, propriété, famille ; et, en effet, le Roi manquant, toutes ces choses furent gravement atteintes, et si elles ne périrent pas, ce fut comme par un miracle de la bonté de Dieu.

Ce que la noblesse devait faire en général, elle le fit dans toute la France et particulièrement dans ces contrées qui allaient bientôt illustrer le nom de Vendée. Si l'on en excepte quelques défections que l'on pourrait compter, il n'y eut pas alors de gentilhomme, s'il ne tira l'épée, qui ne songeât à la tirer pour le Roi. Aux yeux de quelques-uns maintenant c'était trop tôt, d'autres jugeaient qu'ensuite c'était trop tard; il fallait suivre tel plan, se grouper sur tel point, se diriger sur tel autre; il était difficile de s'entendre sur les moyens d'actions, il y avait unanimité dans la pensée d'agir.

La noblesse se trouvait dans la situation d'une armée encore forte et puissante par la valeur personnelle de ses soldats, mais entièrement dispersée et désorganisée au lendemain d'une bataille perdue.

Dans cette position désolante, de braves soldats ne perdent pas courage, ils n'abandonnent pas la partie, ils se groupent dès qu'ils se rencontrent; ils se concertent, ils cherchent un point de ralliement; il serait important d'en avoir un bon, il est essentiel d'en avoir un quelconque, et dût-on être contraint de combattre avant d'avoir pris de suffisantes dispositions et succomber, il vaut mieux mille fois mourir en combattant que de disparaître sans donner signe de vie. Les causes perdues les armes à la main ne sont pas entièrement perdues, la mort et le sacrifice de leurs défenseurs rejettent sur elles, il n'est pas rare de le voir, un relief de gloire qui empêche de les oublier et leur donne de reprendre plus tard une nouvelle vie.

Obligés par l'insubordination de leurs soldats de se séparer des régiments où ils commandaient, il se présentait pour les officiers en service actif comme pour les gentilshommes vivant dans leurs terres deux partis à prendre : ou se réunir tous ensemble, se faire soldats eux-mêmes et suppléer par la valeur à l'infériorité du nombre, ou rentrer dans leurs provinces, s'y soulever simultanément et soulever avec eux les populations, qui, en général, voyaient avec plus de déplaisir que de contentement la marche de la Révolution.

Le second de ces partis, celui que maintenant peut-être on aimerait le mieux avoir vu prévaloir, fut tenté en Bretagne par La Rouërie et quelques autres; ce projet eut des ramifications en Poitou ou bien on y forma d'autres projets semblables; Lescure en particulier y participa.

mais ce fut, on le sait, sans aucun succès. Avec plus d'ensemble, il est fort douteux encore que le succès eût été plus grand. On ne fait pas facilement une armée d'un peuple de paisibles cultivateurs dispersés dans leurs champs, ils savent mieux souffrir et gémir que se battre contre des soldats aguerris. Les Vendéens le firent, ce fut un prodige ; pour les déterminer à le faire, il ne devait pas leur suffire d'être blessés dans tout ce qu'ils avaient d'affections, il fallut qu'ils fussent poussés à bout par la Révolution.

Le premier parti, celui de se masser pour faire soi-même une armée, était susceptible de se comprendre de deux manières : on pouvait se réunir sur un point du territoire français dont la population parût propre à offrir un point d'appui ; mais si l'on considère que la chose devait se faire successivement, que les premiers attroupements eussent été facilement écrasés, que l'on n'avait pas l'assentiment du Roi, qu'au moment d'agir le mouvement était déjà commencé vers la frontière, que les princes, chefs naturels de la noblesse, l'y attendaient, on reconnaîtra que l'émigration, si fortement qu'on la déplore, était sur une pente fatale où le légitime sentiment d'honneur qui l'inspirait une fois supposé, il était bien difficile, pour ne pas dire impossible, de s'arrêter.

L'un des grands malheurs de l'émigration fut d'avoir mis l'armée des princes à la merci de l'étranger. Au lieu d'obtenir des puissances l'appui qu'elle en attendait, elle n'en obtint même pas la permission de combattre sérieusement ; la campagne qu'on lui fit faire ne fut qu'une vaine parade, et tous ces gentilshommes, ces officiers qui par dévouement s'étaient faits simples soldats, n'eurent plus pour la plupart qu'à se disperser, à chercher des moyens d'existence, beaucoup pour vivre à se faire artisans.

Cet exil toutefois ne fut pas sans une gloire qui rejaillit sur le caractère français et par contre-coup sur la nation entière ; ce fut une gloire d'avoir su noblement, gaiement même, supporter le malheur, et au besoin, plutôt que de se laisser abattre, de n'avoir pas reculé devant le travail des mains ; l'armée de Condé, en voilà une autre ; une troisième fut l'importance des positions que surent conquérir plusieurs émigrés, et plus qu'aucune autre province, le Poitou le peut rappeler avec orgueil, puisqu'outre le duc de Richelieu, le fondateur d'Odessa, qui lui appartenait par son origine, elle peut nommer M. Prévost de Traversay, ministre de la Marine en Russie, et le brave général de Liniers, vice-roi de Buénos-Ayres. Le chevalier de la Coudraye se fit aussi connaître avantageusement en Suède et en Russie par un livre sur la marine.

En disant d'ailleurs quel fut en général le sort des émigrés, nous avons dit celui des émigrés de notre province.

V.

La Révolution régnait par la terreur, le 21 janvier était passé, le meilleur des rois avait porté sa tête sur l'échafaud, la déesse Raison était adorée dans nos temples ; à peine y avait-il eu çà et là quelques essais de protestation, et la tentative des émigrés, paralysée par le mauvais vouloir des puissances étrangères, il semblait que l'on fût menacé du pire des malheurs, celui de voir tomber l'autel et le trône sans qu'aucun grand combat vînt dire à la postérité qu'au sein d'une grande nation il s'était trouvé quelqu'un pour les défendre.

Dans la Vendée même, les quelques gentilshommes qui, par de rares circonstances, n'avaient pas émigré ou qui, à l'exemple de Lescure, étaient rentrés en France avant que leur absence eût été légalement constatée, ne songeaient et ne pouvaient songer qu'à se faire oublier ; désormais toute pensée de soulèvement leur eût semblé une insigne folie.

Ce fut dans ce moment que, de leur propre impulsion, les jeunes gens appelés à faire partie de la levée en masse, commencèrent l'insurrection vendéenne. — Puisque nous sommes obligés de nous battre, s'écrièrent-ils, nous nous battrons pour Dieu et le Roi ! — Ils n'avaient point d'armes, ils en prirent à leurs ennemis.

Si ce grand événement avait été l'œuvre du clergé, de la noblesse, pourquoi ne le dirions-nous pas ? Ne serait-ce pas à nos yeux un titre d'honneur? Ne disons-nous pas que la noblesse en avait fait la tentative? Pourquoi ne dirions-nous pas qu'elle l'essaya de nouveau, et que cette fois elle réussit?

Les jeunes gars de Saint-Florent avaient obéi à un sentiment instinctif sans faire aucun calcul; le premier calcul sérieux fut celui de Cathelineau. Il comprit que les choses n'en pouvaient rester là, que ces pauvres enfants étaient perdus, si on ne les soutenait pas, qu'une fois le pays compromis, il n'y avait pour le sauver que le succès d'une insurrection générale.

Déjà Stofflet, Forêt, étaient également à la tête de leurs bandes, lorsque, sous le coup de cette première impulsion, les paysans voisins de la demeure de MM. de Bonchamps, d'Elbée, de Charette, de Royrand, vinrent les supplier de se mettre à leurs têtes, et ceux-ci essayèrent d'abord plutôt de les retenir que de les encourager, tant ce parti leur paraissait extrême, tant il leur paraissait avoir peu de chances de succès, tant ils en craignaient les conséquences.

Un peu après, Henri de La Rochejaquelein cède aux mêmes sollicitations, sans rien objecter que son âge et son inexpérience. Les mêmes faits se répétèrent; le chevalier de Chantreau et les jeunes gens du Busseau en sont un exemple ([1]).

Une fois la partie engagée, c'est bien différent. Selon le raisonnement de Cathelineau, on ne pouvait alors donner trop d'extension au soulèvement. Les gentilshommes n'hésitèrent plus, ils excitèrent les paysans à prendre les armes; tout le pays des environs de Bressuire ne les prit, en effet, qu'à la voix de Lescure; mais il avait été si loin de vouloir devancer le moment où cette détermination était devenue nécessaire, qu'arrêté et conduit prisonnier dans cette ville, il s'en était fallu de bien peu qu'il payât de sa tête la patience qu'il avait mise à l'attendre.

Enfin la chose est jugée, le Bocage tout entier et le Marais qu'il encadre, depuis les rives de la Loire jusqu'aux portes de Parthenay, de Fontenay et de Luçon, se sont levés contre la Révolution; il y a une armée catholique et royale, elle a gagné de grandes batailles, et

(1) *Hist. popul. des guerres de la Vendée*, Luçon, 1852, p. 274.

désormais, quelle que soit l'issue de cette *guerre de géants*, il ne sera pas dit que les vieilles institutions de la France aient été renversées sans avoir trouvé de glorieux défenseurs.

Plusieurs fois écrasée, mais toujours renaissante, la Vendée ne cessera de combattre que l'autel ne soit relevé, et l'on pourra dire que, vaincue en apparence, en réalité elle remporta la victoire puisqu'elle obtint, au prix de son sang, ce qui était le principal enjeu de la bataille.

Ce succès même a donné occasion de prétendre que pour le soldat vendéen, le rétablissement de la religion obtenu, celui de la royauté lui importait peu.

Cette assertion ne tendrait à rien moins qu'à séparer de vues et d'intérêts ceux qui, dans cette guerre, furent si profondément unis, le gentilhomme et le paysan.

Quant au premier effectivement, quoique dans l'ordre de ses affections Dieu et la religion dussent tenir de beaucoup la première place, on ne peut douter qu'à considérer les mobiles qui le faisaient immédiatement agir, la fidélité chevaleresque qui l'attachait au Roi ne se présentât en première ligne; cette fidélité réclamait expressément l'appui de son épée, sa foi de chrétien lui imposait d'autres devoirs plus impérieux, lui disait d'être martyr au besoin, mais ne l'obligeait pas à se battre ni d'une manière aussi directe, ni d'une manière aussi étroite.

Changer, au contraire, en arme meurtrière le hoyau de sa charrue, n'était pas le fait du laboureur. Selon le cours naturel des choses, aucun engagement de conscience ou d'honneur ne l'obligeait à le faire; quand il le fit, il fallut qu'il y fût porté par chacune de ses affections, selon l'ordre même qu'elles avaient dans son cœur; pour lui, à n'en pas douter, le raisonnement est d'accord avec les faits, le mobile religieux fut le mobile déterminant.

Cette distinction établie, la cause pour tous était la même, catholique et royale, catholique avant tout, royale ensuite, *Dieu et le Roi*; le sacré cœur de Jésus et la cocarde blanche étaient pour tous des choses inséparables, et lorsque, pour prix de ses héroïques efforts, la Vendée épuisée obtint la première de ces choses, il ne lui restait plus dans les veines une goutte de sang à verser pour la seconde ; mais elle la conserva dans son cœur d'autant plus chère que le souvenir en était dorénavant pour jamais lié à toutes ses gloires comme à toutes ses douleurs.

La lutte engagée, le gentilhomme lui devait sa vie, là même où d'autres pouvaient songer à sauver la leur ; il avait pu partager les honneurs du commandement avec le garde-chasse de Maulévrier, les subordonner au pauvre voiturier du Pin-en-Mauges, il pouvait servir en simple volontaire, mais, quelque part qu'il fût, il fallait qu'il fût le premier à l'attaque, le dernier à la retraite. ·

Il y avait dans les armées vendéennes des soldats aguerris, de ces soldats dont Kléber disait, après les avoir vus de près, que pour la fermeté de l'attitude, pour la précision des mouvements, ils ne différaient de ses braves Mayençais que par leurs habits de paysans ; mais après eux la plus grande partie des combattants était formée de ceux que M. Nettement, dans la *Vie de Mme de la Rochejaquelein*, appelle l'arrière-ban de cultivateurs qui avaient quitté leurs champs la veille pour une expédition, qui les retrouvaient le lendemain, quel que fût le succès. Ces braves gens ne combattaient pas toujours également bien ; il fallait, pour les entraîner, qu'officiers et généraux marchassent en avant, seuls exposés aux coups de l'ennemi. On sait comment Lescure, à l'attaque du pont de Vrine, saisit un fusil et s'engagea seul sur le pont jusqu'à deux fois, au milieu de la mitraille et des balles; ce n'est qu'à la troisième fois qu'un paysan le suit. Henri de la Rochejaquelein et Forêt accourent; tous les quatre ils traversent le pont, ils joignent l'ennemi, alors seulement leurs soldats s'élancent, la bataille est gagnée et Thouars est pris.

C'était la manière en quelque sorte obligée de combattre de tout ce qu'il y avait de nobles dans l'armée, c'est-à-dire à peu près de tout ce qui en était resté dans le pays insurgé, jusqu'à des enfants de quatorze ans, comme le chevalier de Mondyon (¹).

Il en était revenu quelques-uns de l'étranger, mais non sans de grandes difficultés. Ces difficultés, l'Angleterre aurait pu les faire

---

(1) Fortuné de Chateigner n'en avait que treize lorsque, dans un combat corps à corps, il tua un soldat républicain et s'empara de ses armes.

disparaître; mais l'Angleterre jouait un double jeu, et les autres puissances n'y mettaient pas beaucoup plus de franchise.

Nous avons vu rechercher des pièces inédites pour prouver que les chefs de l'insurrection vendéenne avaient essayé d'établir, avaient établi, en effet, des relations avec l'Angleterre. On voudrait en faire contre eux des titres d'accusation; ce n'est vraiment pas la peine.

L'histoire entière, dans ce qu'elle a de plus palpable, à commencer par l'émigration, à continuer par la malheureuse pointe sur Grandville, et la non moins malheureuse tentative de Quiberon, dit assez haut que les royalistes eurent constamment la pensée de s'allier contre les destructeurs de l'ordre social dans leur pays avec des gouvernements qu'ils regardaient comme chargés de la protection de l'ordre social dans le reste du monde; les rivalités mesquines de nation à nation devaient céder devant un intérêt majeur qui les atteignait toutes.

Mais que les émigrés, les Vendéens, les insurgés de Bretagne aient jamais eu la pensée de trahir la France, d'en livrer une parcelle.... toute leur conduite, tous leurs sentiments, toute l'histoire, sont là pour le nier. Sur le terrain de l'honneur et de l'intégrité de leur pays, après la prise de Thouars, Lescure et le général Quétineau se trouvèrent noblement d'accord; pas un cœur, pas une voix parmi les royalistes n'eût pensé, n'eût parlé autrement que Lescure.

Ne serait-il pas plus vrai de dire qu'ils auraient eux-mêmes été trahis par le duc de Brunswick en 1792, par les Anglais à Quiberon? Trahis! cependant nous aimons à le croire, ce serait trop dire; mais ils furent assurément victimes des demi-mesures d'alliés qui voulaient et ne voulaient pas.

Les puissances européennes, l'Angleterre surtout, partagées entre les souvenirs de leur ancienne rivalité avec la France et la crainte que la maladie contagieuse des révolutions leur inspirait, voulaient opposer à la Révolution française les royalistes comme un obstacle et ne voulaient pas leur assurer un triomphe qui, remettant la France sur ses bases, leur eût ôté l'espoir de profiter de ses troubles. Calcul étroit à l'excès, en présence du danger suprême ou les idées révolutionnaires mettaient toutes les nations. Elles ne craignent point, elles, de s'afficher comme établissant entre les peuples, par delà leurs liens nationaux et leurs gouvernements, une universelle solidarité fondée sur la pensée de leur prétendu affranchissement.

Si rien d'ailleurs moins que ce calcul n'honore ceux qui le faisaient, il n'en est point qui honore davantage ceux contre qui il était fait. L'Angleterre, la Prusse, l'Autriche, savaient bien que les défenseurs de la monarchie la voulaient dans toute sa grandeur et sa force, et qu'ils ne souffriraient pas qu'elle s'abaissât en abaissant la France.

On a été jusqu'à dire qu'à Quiberon les Anglais n'avaient pas été fâchés de voir périr la fleur de nos officiers de marine; nous ne savons; ce qu'il y a de certain, c'est que l'antipathie naturelle des deux nations existait au plus haut degré entre leurs marines; c'est qu'on ne fait pas des officiers pour un corps savant comme pour un régiment de ligne; on devient général d'inspiration, l'inspiration seule ne peut faire un marin.

Bon nombre d'officiers de marine avaient été arrêtés sur le chemin de l'émigration par la crainte de livrer les mers à leurs ennemis; c'est le sentiment qui détermina Aristide du Petit-Thouars à prendre du service dans la flotte française, lors de l'expédition d'Égypte; nous pouvons parler de lui, car par l'origine de sa famille il tenait au Bas-Poitou, dont elle habitait alors les confins. Absent au moment de l'émigration, par suite d'un voyage qu'il avait fait à la recherche de La Peyrouse, il était libre de tout engagement. Si son avis eût été suivi à Aboukir, la flotte française n'eût pas été détruite; une fois tourné, il n'y avait plus qu'à mourir; on se souvient de la mort héroïque qu'il fit sur le *Tonnant*.

Beaucoup d'autres se voyant entre deux ennemis, la Révolution et l'Angleterre, avaient cru que la Révolution était le pire des deux, et pour la France et pour le monde, et n'aspirant qu'à la combattre, lors de l'expédition de Quiberon ils avaient saisi avec empressement l'occasion de le faire.

La Vendée fournissait sa bonne part à ce contingent d'élite : on y voyait un Grelier de Concise, qui en avait préféré les chances hasardeuses à une haute position dans la marine russe; un Mouillebert, qui, par son courage et sa présence d'esprit dans un moment décisif, avait mérité les acclamations de ses camarades ; un La Haye-Monthault qui, sur le point de recevoir la mort, contrairement aux termes exprès d'une capitulation, réussissait à faire parvenir à sa famille une lettre dont la pensée principale était un pardon pour ceux qui le faisaient mourir.

Ces traits suffisent pour montrer quels étaient les hommes que l'on eût voulu faire haïr à la France comme ses ennemis, tandis qu'ils n'avaient d'autre pensée que d'être ses libérateurs.

La noblesse sur le Rhin, en Vendée, en Bretagne, partout, avait fait ce qu'elle devait, dans la mesure où il lui avait été possible ; le succès ne couronna point ses efforts dans la mesure de ses désirs, mais quelque chose qui puisse advenir, nous n'admettrons jamais que ce soit en vain, même pour les intérêts de ce monde, qu'un homme, à plus forte raison toute une classe d'hommes, ait fait son devoir, ou, même en se trompant, qu'elle ait avec sincérité voulu le faire.

Les événements ont leur cause dans la résultante de tous les faits qui concourent à les produire ; dans l'inextricable mélange où ils paraissent se confondre, le bien, cependant, produit le bien, le mal produit le mal.

A part les promesses formelles de Dieu, qui nous assurent partout et toujours les moyens de notre propre sanctification et le maintien triomphant de l'Eglise, quel que soit le but où l'on tende, il est toujours en plus grande partie subordonné à la conduite des autres. Il est bien rare que l'on atteigne où l'on veut, là même où l'on doit vouloir : il est consolant néanmoins de penser que pour cela on n'a pas perdu en vain et son temps et sa peine, et son bien et son sang ; répandus pour une cause juste, ils ont pesé efficacement pour produire la somme de bien et de justice relative que les erreurs et les passions des hommes ont seulement rendue possible.

La Révolution s'arrêta dans son cours destructeur, la France se reposa dans la Monarchie, le gentilhomme et le paysan vendéens purent même un jour voir encore en se serrant la main flotter le drapeau sous lequel ils avaient combattus ; — court moment de joie suivi de beaucoup de tristesses. Au nom du culte des souvenirs, qu'il nous soit permis au moins d'être tristes et de songer avec regret au noble exilé que l'on a justement appelé le premier gentilhomme du monde.

Nous avons essayé d'esquisser à grands traits la physionomie de la noblesse de la Vendée; l'on comprendra maintenant à quels titres on peut se faire honneur de lui tenir et par quels sentiments on prétend, sans rien avoir désormais à réclamer de ses prérogatives, rester toujours solidaire de ses obligations.

www.ingramcontent.com/pod-product-compliance
Lightning Source LLC
Chambersburg PA
CBHW070936280326
41934CB00009B/1902